Christian Morgenstern

Das Mondschaf steht auf weiter Flur

Christian Morgenstern

Das Mondschaf steht auf weiter Flur

Gedichte und Sprüche

marixverlag

Bibliografische Information der Deutschen Nationalbibliothek
Die Deutsche Nationalbibliothek verzeichnet diese Publikation in der
Deutschen Nationalbibliografie; detaillierte bibliografische Daten sind
im Internet über
http://dnb.d-nb.de abrufbar.

© by marixverlag GmbH, Wiesbaden 2014
Covergestaltung: Groothuis. Gesellschaft der Ideen und Passionen mbH,
Hamburg Berlin
Bildnachweis: © Gerhard Schröder
Satz und Bearbeitung: SATZstudio Josef Pieper, Bedburg-Hau
Der Titel wurde in der Adobe Garamond Pro gesetzt.
Gesamtherstellung: CPI books GmbH, Ulm
Printed in Germany

ISBN: 978-3-86539-351-7

www.marixverlag.de

Inhalt

Der Gingganz und Verwandtes

Der Gingganz

Ein Stiefel wandern und sein Knecht
von Knickebühl gen Entenbrecht.

Urplötzlich auf dem Felde drauß
begehrt der Stiefel: Zieh mich aus!

Der Knecht drauf: Es ist nicht an dem;
doch sagt mir, lieber Herre, –: wem?

Dem Stiefel gibt es einen Ruck:
Fürwahr, beim heiligen Nepomuk,

ich GING GANZ in Gedanken hin …
Du weißt, daß ich ein andrer bin,

seitdem ich meinen Herrn verlor …
Der Knecht wirft beide Arm' empor,

als wollt' er sagen: laß doch, laß!
Und weiter zieht das Paar fürbaß.

Der Lattenzaun

Es war einmal ein Lattenzaun,
mit Zwischenraum, hindurchzuschaun.

Ein Architekt, der dieses sah,
stand eines Abends plötzlich da –

und nahm den Zwischenraum heraus
und baute draus ein großes Haus.

Der Zaun indessen stand ganz dumm,
mit Latten ohne was herum,

Ein Anblick gräßlich und gemein.
Drum zog ihn der Senat auch ein.

Der Architekt jedoch entfloh
nach Afri – od – Ameriko.

Die beiden Flaschen

Zwei Flaschen stehn auf einer Bank,
die eine dick, die andre schlank.
Sie möchten gerne heiraten.
Doch wer soll ihnen beiraten?

Mit ihrem Doppel-Auge leiden
sie auf zum blauen Firmament …
Doch niemand kommt herabgerennt
und kopuliert die beiden.

Das Lied vom blonden Korken

Ein blonder Korke spiegelt sich
in einem Lacktablett –
allein er säh sich dennoch nicht,
selbst wenn er Augen hätt!

Das macht, dieweil er senkrecht steigt
zu seinem Spiegelbild!
Wenn man ihn freilich seitwärts neigt,
zerfällt, was oben gilt.

O Mensch, gesetzt, du spiegelst dich
im, sagen wir, – im All!
Und senkrecht! – wärest du dann nicht
ganz in dem gleichen Fall?

Der Würfel

Ein Würfel sprach zu sich: Ich bin
mir selbst nicht völlig zum Gewinn!

Denn meines Wesens sechste Seite,
und sei es auch ein Auge bloß
sieht immerdar, statt in die Weite,
der Erde ewig dunklen Schoß.

Als dies die Erde, drauf er ruhte,
vernommen, ward ihr schlimm zu Mute.

Du Esel, sprach sie, ich bin dunkel,
weil dein Gesäß mich just bedeckt!
Ich bin so licht wie ein Karfunkel,
sobald du dich hinweggefleckt.

Der Würfel, innerlichst beleidigt,
hat sich nicht weiter drauf verteidigt.

Kronprätendenten

– »Ich bin der Graf von Réaumur
und hass' euch wie die Schande!
Dient nur dem Celsio für und für,
Ihr Apostatenbande!«

Im Winkel König Fahrenheit
hat still sein Mus gegessen.
– »Ach Gott, sie war doch schön, die Zeit,
die man nach mir gemessen!«

Die Weste

Es lebt in Süditalien eine Weste
an einer Kirche dämmrigem Altar.
Versteht mich recht: Noch dient sie Gott aufs beste.
Doch wie in Adam schon Herr Hæckel war,

(zum Beispiel bloß), so steckt in diesem Reste
Brokat voll Silberblümlein wunderbar
schon heut der krause Übergang verborgen
vom Geist von gestern auf den Leib von morgen.

Philantropisch

Ein nervöser Mensch auf einer Wiese
wäre besser ohne sie daran;
darum seh' er, wie er ohne diese
(meistens mindstens) leben kann.

Kaum daß er gelegt sich auf die Gräser,
naht der Ameis, Heuschreck, Mück und Wurm,
naht der Tausendfuß und Ohrenbläser,
und die Hummel ruft zum Sturm.

Ein nervöser Mensch auf einer Wiese
tut drum besser, wieder aufzustehn
und dafür in andre Paradiese
(beispielshalber: weg) zu gehn.

Der Mond

Als Gott den lieben Mond erschuf,
gab er ihm folgenden Beruf:

Beim Zu- sowohl wie beim Abnehmen
sich deutschen Lesern zu bequemen,

ein ☽ formierend und ein ☾ –
daß keiner groß zu denken hätt'.

Befolgend dies ward der Trabant
ein völlig deutscher Gegenstand.

Die Westküsten

Die Westküsten traten eines Tages zusammen
und erklärten, sie seien keine Westküsten,
weder Ostküsten noch Westküsten –
»daß sie nicht wüßten!«

Sie wollten wieder ihre Freiheit haben
und für immer das Joch des Namens abschütteln,
womit eine Horde von Menschenbütteln
sich angemaßt habe, sie zu begaben.

Doch wie sich befreien, wie sich erretten
aus diesen widerwärtigen Ketten?
Ihr Westküsten, fing eine an zu spotten,
gedenkt ihr den Menschen etwan auszurotten?

Und wenn schon! rief eine andre schrill.
Wenn ich seine Magd nicht mehr heißen will? –
Dann blieben aber immer noch die Atlanten –
meinte eine von den asiatischen Tanten.

Schließlich, wie immer in solchen Fällen,
tat man eine Resolution aufstellen.
Fünfhundert Tintenfische wurden aufgetrieben,
und mit ihnen wurde folgendes geschrieben:

Wir Westküsten erklären hiermit einstimmig,
daß es uns nicht gibt, und zeichnen hochachtungsvoll:
Die vereinigten Westküsten der Erde. –
Und nun wollte man, daß dies verbreitet werde.

Sie riefen den Walfisch, doch er tat's nicht achten;
sie riefen die Möwen, doch die Möwen lachten;
sie riefen die Wolke, doch die Wolke vernahm nicht;
sie riefen ich weiß nicht was, doch ich weiß nicht was kam
nicht.

Ja, wieso denn, wieso? schrie die Küste von Ecuador:
Wärst du etwa kein Walfisch, du grober Tor?
Sehr richtig, sagte der Walfisch mit vollkommener Ruh:
Dein Denken, liebe Küste, dein Denken macht mich erst
dazu.

Da war's den Küsten, als säh'n sie sich im Spiegel;
ganz seltsam erschien ihnen plötzlich ihr Gewiegel.
Still schwammen sie heim, eine jede nach ihrem Land.
Und die Resolution, die blieb unversandt.

Unter Zeiten

Das Perfekt und das Imperfekt
        tranken Sekt.
Sie stießen aufs Futurum an
(was man wohl gelten lassen kann).

Plusquamper und Exaktfutur
        blinzten nur.

Unter Schwarzkünstlern

Eines Mittags las man:
    »Pfiffe zu mieten gesucht!
    Hundertweis, zu jedem Preis!
    Victor Emanuel Wasmann!«

Um sechs Uhr kam der erste Pfiff
von einem alten Kohlenschiff.
Um acht Uhr waren's tausend schon.
Um neun Uhr eine halbe Million.

Victor Emanuel Wasmann schlug
die Türe zu: Nun ist's genug!
Hört zu, ihr Pfiffe!
Ich habe einen Feind (hört! hört!),
der mir des nachts die Ruhe stört, –
auf den sollt ihr marschieren!

Er hat Gelächter angestellt,
die schickt er nachts mir an mein Bett,
da hocken sie auf der Decke,
mit Flügeln weiß und Flügeln rot,
und krähn und flattern mich zu Tod. –
Doch alles hat sein Ende.

Die Pfiffe pfiffen wie e i n Mann;
empfingen ihren Sold sodann.
(Ein Schusterjungenpfiff sogar
bot Wasmann sich als Bravo dar.)

Drauf ließ er sie durchs Ofenloch …
Doch lange stand er brütend noch,
schrieb Zeichen, hob die Hand und schwur,
ein schwarzer Meister der Natur …

      *

Bald nach diesem ging
ein Herr Axel Ring
kurzerhand
außer Land. –

Wasmann hatte gesiegt.

Der Traum der Magd

Am Morgen spricht die Magd ganz wild:
»Ich hab heut nacht ein Kind gestillt –

ein Kind mit einem Käs als Kopf –
und einem Horn am Hinterschopf!

Das Horn, o denkt euch, war aus Salz
und ging zu essen, und dann –«
                                    »Halt's –
halt's Maul!« so spricht die Frau, »und geh
an deinen Dienst, Zä-zi-li-e!«

Das Nasobēm

Auf seinen Nasen schreitet
einher das Nasobēm,
von seinem Kind begleitet.
Es steht noch nicht im Brehm.

Es steht noch nicht im Meyer.
Und auch im Brockhaus nicht.
Es trat aus meiner Leyer
zum ersten Mal ans Licht.

Auf seinen Nasen schreitet
(wie schon gesagt) seitdem,
von seinem Kind begleitet,
einher das Nasobēm.

Anto-logie

Im Anfang lebte, wie bekannt,
als größter Säuger der G i g -ant.

Wobei gig eine Zahl ist, die
es nicht mehr gibt, – so groß war sie!

Doch jene Größe schwand wie Rauch.
Zeit gab's genug – und Zahlen auch.

Bis eines Tags, ein winzig Ding,
der Z w ö l e f -ant das Reich empfing.

Wo blieb sein Reich? Wo blieb er selb? –
Sein Bein wird im Museum gelb.

Zwar gab die gütige Natur
den E l e f -anten uns dafür.

Doch ach, der Pulverpavian,
der Mensch, voll Gier nach seinem Zahn,

erschießt ihn, statt ihm Zeit zu lassen,
zum Z e h e n -anten zu verblassen.

O »Klub zum Schutz der wilden Tiere«,
hilf, daß der Mensch nicht ruiniere

die Sprossen dieser Riesenleiter,
die stets noch weiter führt und weiter!

Wie dankbar wird der Ant dir sein,
läßt du ihn wachsen und gedeihn, –

bis er dereinst im Nebel hinten
als N u l e l -ant wird stumm verschwinden.

Die Hystrix

Das hinterindische Stachelschwein
(hystrix grotei Gray),
das hinterindische Stachelschwein
aus Siam, das tut weh.

Entdeckst du wo im Walde drauß
bei Siam seine Spur,
dann tritt es manchmal, sagt man, aus
den Schranken der Natur.

Dann gibt sein Zorn ihm so Gewalt,
daß, eh' du dich versiehst,
es seine Stacheln jung und alt
auf deinen Leib verschießt.

Von oben bis hinab sodann
stehst du gespickt am Baum,
ein heiliger Sebastian,
und traust den Augen kaum.

Die Hystrix aber geht hinweg,
an Leib und Seele wüst.
Sie sitzt im Dschungel im Versteck
und büßt.

Die Probe

Zu einem seltsamen Versuch
erstand ich mir ein Nadelbuch.

Und zu dem Buch ein altes zwar,
doch äußerst kühnes Dromedar.

Ein Reicher auch daneben stand,
zween Säcke Gold in jeder Hand.

Der Reiche ging alsdann herfür
und klopfte an die Himmelstür.

Drauf Petrus sprach: »Geschrieben steht,
daß ein Kamel weil eher geht

durchs Nadelöhr, als Du, du Heid,
durch diese Türe groß und breit!«

Ich, glaubend fest an Gottes Wort,
ermunterte das Tier sofort,

ihm zeigend hinterm Nadelöhr
ein Zuckerhörnchen als Douceur.

Und in der Tat! Das Vieh ging durch,
obzwar sich quetschend wie ein Lurch!

Der Reiche aber sah ganz stier
und sagte nichts als: Wehe mir!

Im Jahre 19000

Die Ameisen oder Emsen
sind so weit jetzt, daß sie Gemsen
sich als Sklaven halten (aus
Gründen ihres Körperbaus).

Da sie selber sehr viel kleiner,
so bedienen sie sich einer
Gemse oder zweier Gemsen
zu Gebirgspartien, die Emsen.

Ist sodann ein Adlernest
abgesucht bis auf den Rest,
gehn sie endlich, zog der Weih
schon den Ameisbären bei,

wieder ihm aus Horst und Rock –
und besteigen ihren Bock,
der sie, wie ein Stein, der springt,
heim zu ihrem Hügel bringt.

Angepflöckt, so stehn die Gemsen
in der Nähe dort der Emsen,
bei den Läusen u.s.w.
und verwünschen ihre Reiter.

Der Gaul

Es läutet beim Professor Stein.
Die Köchin rupft die Hühner.
Die Minna geht: Wer kann das sein? –
   Ein Gaul steht vor der Türe.

Die Minna wirft die Türe zu.
Die Köchin kommt: Was gibt's denn?
Das Fräulein kommt im Morgenschuh.
    Es kommt die ganze Familie.

»Ich bin, verzeihn Sie«, spricht der Gaul,
»der Gaul vom Tischler Bartels.
Ich brachte Ihnen dazumaul
    die Tür- und Fensterrahmen!«

Die vierzehn Leute samt dem Mops,
sie stehn, als ob sie träumten.
Das kleinste Kind tut einen Hops,
    die andern stehn wie Bäume.

Der Gaul, da keiner ihn versteht,
schnalzt bloß mal mit der Zunge,
dann kehrt er still sich ab und geht
    die Treppe wieder hinunter.

Die dreizehn schaun auf ihren Herrn,
ob er nicht sprechen möchte.
Das war, spricht der Professor Stein,
    ein unerhörtes Erlebnis! …

Der heroische Pudel

Ein schwarzer Pudel, dessen Haar
des abends noch wie Kohle war,
betrübte sich so höllenheiß,
weil seine Dame Flügel spielte,

trotzdem er heulte: daß (o Preis
dem Schmerz, der solchen Sieg erzielte!)
er beim Gekräh der Morgenhähne
aufstand als wie ein hoher Greis –
mit einer silberweißen Mähne.

Das Huhn

In der Bahnhofhalle, nicht für es gebaut,
geht ein Huhn
hin und her …
Wo, wo ist der Herr Stationsvorsteh'r?
Wird dem Huhn
man nichts tun?
Hoffen wir es! Sagen wir es laut:
daß ihm unsre Sympathie gehört,
selbst an dieser Stätte, wo es – »stört«!

Möwenlied

Die Möwen sehen alle aus,
als ob sie Emma hießen.
Sie tragen einen weißen Flaus
und sind mit Schrot zu schießen.

Ich schieße keine Möwe tot,
ich laß sie lieber leben –
und füttre sie mit Roggenbrot
und rötlichen Zibeben.

O Mensch, du wirst nie nebenbei
der Möwe Flug erreichen.
Wofern du Emma heißest, sei
zufrieden, ihr zu gleichen.

Igel und Agel

Ein Igel saß auf einem Stein
und blies auf einem Stachel sein.
Schalmeiala, schalmeialü!
Da kam sein Feinslieb Agel
und tat ihm schnigel schnagel
zu seinen Melodein.
Schnigula schnagula
schnaguleialü!

Das Tier verblies sein Flötenhemd ...
»Wie siehst Du aus so furchtbar fremd!?«
Schalmeiala, schalmeialü –.
Feins Agel ging zum Nachbar, ach!
Den Igel aber hat der Bach
zum Weiher fortgeschwemmt.
Wigulawagula
waguleia wü
tü tü ...

Der Werwolf

Ein Werwolf eines Nachts entwich
von Weib und Kind und sich begab
an eines Dorfschullehrers Grab
und bat ihn: »Bitte, beuge mich!«

Der Dorfschulmeister stieg hinauf
auf seines Blechschilds Messingknauf
und sprach zum Wolf, der seine Pfoten
geduldig kreuzte vor dem Toten:

»Der Werwolf« – sprach der gute Mann,
»des Weswolfs, Genitiv sodann,
dem Wemwolf, Dativ, wie man's nennt,
den Wenwolf, – damit hat's ein End'.«

Dem Werwolf schmeichelten die Fälle,
er rollte seine Augenbälle.
»Indessen«, bat er, »füge doch
zur Einzahl auch die Mehrzahl noch!«

Der Dorfschulmeister aber mußte
gestehn, daß er von ihr nichts wußte.
Zwar Wölfe gäb's in großer Schar,
doch »Wer« gäb's nur im Singular.

Der Wolf erhob sich tränenblind –
er hatte ja doch Weib und Kind!!
Doch da er kein Gelehrter eben,
so schied er dankend und ergeben.

Die Fingur

Es lacht die Nachtalp-Henne,
es weint die Windhorn-Gans,
es bläst der schwarze Senne
zum Tanz.

Ein Uhu-Tauber turtelt
nach seiner Uhuin.
Ein kleiner Sechs-Elf hurtelt
von Busch zu Busch dahin ...

Und Wiedergänger gehen,
und Raben rufen kolk,
und aus den Teichen sehen
die Fingur und ihr Volk ...

Km 21

Ein Rabe saß auf einem Meilenstein
und rief Ka-em-zwei-ein, Ka-em-zwei-ein …

Der Werhund lief vorbei, im Maul ein Bein,
Der Rabe rief Ka-em-zwei-ein, zwei-ein.

Vorüber zottelte das Zapfenschwein,
der Rabe rief und rief Ka-em-zwei-ein.

»Er ist besessen!« – kam man überein.
»Man führe ihn hinweg von diesem Stein!«

Zwei Hasen brachten ihn zum Kräuterdachs.
Sein Hirn war ganz verstört und weich wie Wachs.

Noch sterbend rief er (denn er starb dort) sein
Ka-em-zwei-ein, Ka-em-Ka-em-zwei-ein …

Geiß und Schleiche

Die Schleiche singt ihr Nachtgebet,
die Waldgeiß staunend vor ihr steht.

Die Waldgeiß schüttelt ihren Bart,
wie ein Magister hochgelahrt.

Sie weiß nicht, was die Schleiche singt,
sie hört nur, daß es lieblich klingt.

Die Schleiche fällt in Schlaf alsbald.
Die Geiß geht sinnend durch den Wald.

Der Purzelbaum

Ein Purzelbaum trat vor mich hin
und sagte: »Du nur siehst mich
und weißt, was für ein Baum ich bin:
Ich schieße nicht, man schießt mich.

Und trag' ich Frucht? Ich glaube kaum;
auch bin ich nicht verwurzelt.
Ich bin nur noch ein Purzeltraum,
sobald ich hingepurzelt.«

»Jenun«, so sprach ich, »bester Schatz,
du bist doch klug und siehst uns; –
nun, auch für uns besteht der Satz:
wir schießen nicht, es schießt uns.

Auch Wurzeln treibt man nicht so bald,
und Früchte nun erst recht nicht.
Geh heim in deinen Purzelwald,
und lästre dein Geschlecht nicht.«

Die zwei Wurzeln

Zwei Tannenwurzeln groß und alt
unterhalten sich im Wald.

Was droben in den Wipfeln rauscht,
das wird hier unten ausgetauscht.

Ein altes Eichhorn sitzt dabei
und strickt wohl Strümpfe für die zwei.

Die eine sagt: knig. Die andre sagt: knag.
Das ist genug für einen Tag.

Schlachtgesang

Den Kinnback ab,
den Kinnback ab!
Der Laie leihe sich dem Trab,
zum Teufel er sich hinpack'
vorm Kinnback!

Das Kniebein ab,
das Kniebein ab!
Der Laie leihe sich dem Trab,
sonst trägt ihm einen Hieb ein
das Kniebein.

Der Kinnback und das Kniebein,
die flößen keine Lieb' ein.
Hoiotoho hui hui hui
heulalaweia!

Wer denn?

»Ich gehe tausend Jahre
um einen kleinen Teich,
und jedes meiner Haare
bleibt sich im Wesen gleich,

im Wesen wie im Guten,
das ist doch alles eins,
so mag uns Gott behuten
in dieser Welt des Scheins!«

Der Nachtschelm und das Siebenschwein oder Eine glückliche Ehe

Der Nachtschelm und das Siebenschwein,
die gingen eine Ehe ein,
    o wehe!
Sie hatten dreizehn Kinder, und
davon war eins der Schluchtenhund,
zwei andre waren Rehe.

Das vierte war die Rabenmaus,
das fünfte war ein Schneck samt Haus,
    o Wunder!
Das sechste war ein Käuzelein,
das siebte war ein Siebenschwein
und lebte in Burgunder.

Acht war ein Gürteltier nebst Gurt,
neun starb sofort nach der Geburt,
    o wehe!
Von zehn bis dreizehn ist nicht klar; –
doch wie dem auch gewesen war,
es war eine glückliche Ehe!

Der Walfafisch oder Das Überwasser

Das Wasser rinnt, das Wasser spinnt,
bis es die ganze Welt gewinnt.
    Das Dorf ersäuft,
    die Eule läuft,
und auf der Eiche sitzt ein Kind.

Dem Kind sind schon die Beinchen naß,
es ruft: das Wass, das Wass, das Wass!
　　　Der Walfisch weint
　　　und sagt, mir scheint,
　　es regnet ohne Unterlaß.

Das Wasser rann mit zasch und zisch,
die Erde ward zum Wassertisch.
　　　Und Kind und Eul',
　　　o greul, o greul –
　　sie frissifraß der Walfafisch.

Der Igel

Ein Igel
saß pyramidalisch
auf einem Hügel.
(*)
— • —
Er fühlte sich
– wie sag' ich's ungeziert –
normal vokalisch
untergrundfundiert.

(*)
Lies: Strich, Punkt, Strich.
(Galgenschule. Verf. unbek.)

Die beiden Esel

Ein finstrer Esel sprach einmal
zu seinem ehlichen Gemahl:

»Ich bin so dumm, du bist so dumm,
wir wollen sterben gehen, kumm!«

Doch wie es kommt so öfter eben:
Die beiden blieben fröhlich leben.

Das Fest des Wüstlings

Was stört so schrill die stille Nacht?
Was sprüht der Lichter Lüstrepracht?
    Das ist das Fest des Wüstlings!

Was huscht und hascht und weint und lacht?
Was cymbelt gell? was flüstert sacht?
    Das ist das Fest des Wüstlings!

Die Pracht der Nacht ist jach entfacht!
Die Tugend stirbt, das Laster lacht!
    Das ist das Fest des Wüstlings!

(Zu flüstern)

Die Schildkrökröte

»Ich bin eintausend Jahre alt
und werde täglich älter;
der Gotenkönig Theobald
erzog mich im Behälter.

Seitdem ist mancherlei geschehn,
doch weiß ich nichts davon;
zur Zeit, da läßt für Geld mich sehn
ein Kaufmann zu Heilbronn.

Ich kenne nicht des Todes Bild
und nicht des Sterbens Nöte:
Ich bin die Schild- ich bin die Schild-
ich bin die Schild – krö – kröte.«

Der Steinochs

Der Steinochs schüttelt stumm sein Haupt,
daß jeder seine Kraft ihm glaubt.
Er spießt dich plötzlich auf sein Horn
und bohrt von hinten dich bis vorn.
    Weh!

Der Steinochs lebt von Berg zu Berg,
vor ihm wird, was da wandelt, Zwerg.
Er nährt sich meist – und das ist neu –
von menschlicher Gehirne Heu.
    Weh!

Der Steinochs ist kein Tier, das stirbt,
dieweil sein Fleisch niemals verdirbt.
Denn wir sind Staub, doch er ist Stein!
Du möchtest wohl auch Steinochs sein?
    He?

Das Wasser

(Dem Dichter Franz Servaes)

Ohne Wort, ohne Wort
rinnt das Wasser immerfort;
andernfalls, andernfalls
spräch' es doch nichts andres als:

Bier und Brot, Lieb und Treu, –
und das wäre auch nicht neu.
Dieses zeigt, dieses zeigt,
daß das Wasser besser schweigt.

Die Lampe

Es steht eine Lampe am weiten Meer.
Wo kommt denn die Lampe, die Lampe her?

Sie trägt ein Reformhemd aus grünem Tang
und steht auf der Insel Fragnichtlang.

Die Lampe, die Lampe, die Lampe, weh,
sie kommt aus der Werweißwosisee!

Da liegt ein Schiff ganz unten kaputt,
und aus seinen Fenstern schaun Molch und Butt.

Die Wellen, die Wellen, die haben sie geschwemmt:
Jetzt träumt sie, den Fuß auf die Küste gestemmt,

in ihrem Reformkleid aus grünem Tang …
Und im Hintergrund, da liegt – Fragnichtlang.

Klabautermann

Klabautermann,
Klabauterfrau,
Klabauterkind
im Schiffe sind.

Die Küchenfei
erblickt die drei.
Sie schreit: »O Graus,
das Stück ist aus!«

Den Pudel Pax –
den Kaufmann Sachs –
sie alle frißt
der Meerschoßdachs.

Klabautermann,
Klabauterfrau
Klabauterkind
wo anders sind.

Die Luft

(Herrn Dr. Lärmschutz-Lessing)

Die Luft war einst dem Sterben nah.

»Hilf mir, mein himmlischer Papa«,
so rief sie mit sehr trübem Blick,
»ich werde dumm, ich werde dick;
du weißt ja sonst für alles Rat –
schick mich auf Reisen, in ein Bad,
auch saure Milch wird gern empfohlen; –
wenn nicht – laß ich den Teufel holen!«

Der Herr, sich scheuend vor Blamage,
erfand für sie die – Tonmassage.

Es gibt seitdem die Welt, die – schreit.
Wobei die Luft famos gedeiht.

Der Hecht

Ein Hecht, vom heiligen Anton
bekehrt, beschloß, samt Frau und Sohn,
am vegetarischen Gedanken
moralisch sich emporzuranken.

Er aß seit jenem nur noch dies:
Seegras, Seerose und Seegries.
Doch Gries, Gras, Rose floß, o Graus,
entsetzlich wieder hinten aus.

Der ganze Teich ward angesteckt.
Fünfhundert Fische sind verreckt.
Doch Sankt Anton, gerufen eilig,
sprach nichts als: Heilig! heilig! heilig!

Tapetenblume

»Tapetenblume bin ich fein,
kehr' wieder ohne Ende,
doch statt im Mai'n und Mondenschein,
auf jeder der vier Wände.

Du siehst mich nimmerdar genung,
so weit du blickst im Stübchen,
und folgst du mir per Rösselsprung –
wirst du verrückt, mein Liebchen.«

Palmström

Palmström

Palmström steht an einem Teiche
und entfaltet groß ein rotes Taschentuch:
Auf dem Tuch ist eine Eiche
dargestellt, sowie ein Mensch mit einem Buch.

Palmström wagt nicht sich hineinzuschneuzen, –
er gehört zu jenen Käuzen,
die oft unvermittelt-nackt
Ehrfurcht vor dem Schönen packt.

Zärtlich faltet er zusammen,
was er eben erst entbreitet.
Und kein Fühlender wird ihn verdammen,
weil er ungeschneuzt entschreitet.

Das Böhmische Dorf

Palmström reist, mit einem Herrn v. Korf,
in ein sogenanntes Böhmisches Dorf.

Unverständlich bleibt ihm alles dort,
von dem ersten bis zum letzten Wort.

Auch v. Korf (der nur des Reimes wegen
ihn begleitet) ist um Rat verlegen.

Doch just dieses macht ihn blaß vor Glück.
Tiefentzückt kehrt unser Freund zurück.

Und er schreibt in seine Wochenchronik:
Wieder ein Erlebnis, voll von Honig!

Nach Norden

Palmström ist nervös geworden;
darum schläft er jetzt nach Norden.

Denn nach Osten, Westen, Süden
schlafen, heißt das Herz ermüden.

(Wenn man nämlich in Europen
lebt, nicht südlich in den Tropen.)

Solches steht bei zwei Gelehrten,
die auch Dickens schon bekehrten –

und erklärt sich aus dem steten
Magnetismus des Planeten.

Palmström also heilt sich örtlich,
nimmt sein Bett und stellt es nördlich.

Und im Traum, in einigen Fällen,
hört er den Polarfuchs bellen.

Westöstlich

Als er dies v. Korf erzählt,
fühlt sich dieser leicht gequält;

denn für ihn ist Selbstverstehung,
daß man mit der Erdumdrehung

schlafen müsse, mit den Pfosten
seines Körpers strikt nach Osten.

Und so scherzt er kaustisch-köstlich:
Nein, m e i n Diwan bleibt – westöstlich!

Bildhauerisches

Palmström haut aus seinen Federbetten,
sozusagen, Marmorimpressionen:
Götter, Menschen, Bestien und Dämonen.

Aus dem Stegreif faßt er in die Daunen
des Plumeaus und springt zurück, zu prüfen,
leuchterschwingend, seine Schöpferlaunen.

Und im Spiel der Lichter und der Schatten
schaut er Zeusse, Ritter und Mulatten,
Tigerköpfe, Putten und Madonnen ...

träumt: wenn Bildner all dies wirklich schüfen,
würden sie den Ruhm des Alters retten,
würden Rom und Hellas übersonnen!

Die Kugeln

Palmström nimmt Papier aus seinem Schube.
Und verteilt es kunstvoll in der Stube.

Und nachdem er Kugeln draus gemacht.
Und verteilt es kunstvoll, und zur Nacht.

Und verteilt die Kugeln so (zur Nacht),
daß er, wenn er plötzlich nachts erwacht,

daß er, wenn er nachts erwacht, die Kugeln
knistern hört und ihn ein heimlich Grugeln

packt (daß ihn dann nachts ein heimlich Grugeln
packt) beim Spuk der packpapiernen Kugeln ...

Lärmschutz

Palmström liebt sich in Geräusch zu wickeln,
teils zur Abwehr wider fremde Lärme,
teils um sich vor drittem Ohr zu schirmen.

Und so läßt er sich um seine Zimmer
Wasserröhren legen, welche brausen.
Und ergeht sich, so behütet, oft in

stundenlangen Monologen, stunden-
langen Monologen, gleich dem Redner
von Athen, der in die Brandung brüllte,

gleich Demosthenes am Strand des Meeres.

Der vorgeschlafene Heilschlaf

Palmström schläft vor zwölf Experten
den berühmten Schlaf vor Mitternacht,
    seine Heilkraft zu erhärten.

Als er, da es zwölf, erwacht,
sind die zwölf Experten sämtlich müde.
    Er allein ist frisch wie eine junge Rüde!

Zukunftssorgen

Korf, den Ahnung leicht erschreckt,
sieht den Himmel schon bedeckt
von Ballonen jeder Größe
und verfertigt ganze Stöße
von Entwürfen zu Statuten
eines Klubs zur resoluten

Wahrung der gedachten Zone
vor der Willkür der Ballone.

Doch er ahnt schon, ach, beim Schreiben
seinen Klub im Rückstand bleiben:
dämmrig, dünkt ihn, wird die Luft
und die Landschaft Grab und Gruft.
Er begibt sich drum der Feder,
steckt das Licht an (wie dann jeder),
tritt damit bei Palmström ein,
und so sitzen sie zu zwein.

Endlich, nach vier langen Stunden,
ist der Albdruck überwunden.
Palmström bricht zuerst den Bann:
Korf, so spricht er, sei ein Mann!
Du vergreifst dich im Jahrzehnt:
Noch wird all das erst ersehnt,
was, vom Geist dir vorgegaukelt,
heut dein Haupt schon überschaukelt.

Korf entrafft sich dem Gesicht.
Niemand fliegt im goldnen Licht!
Er verlöscht die Kerze schweigend.
Doch dann, auf die Sonne zeigend,
spricht er: Wenn nicht jetzt, so einst –
kommt es, daß du nicht mehr scheinst,
wenigstens nicht uns, den – grausend
sag ich's –: Unteren Zehntausend! …

Wieder sitzt v. Korf danach
stumm in seinem Schreibgemach
und entwirft Statuten eines
Klubs zum Schutz des Sonnenscheines.

Das Warenhaus

Palmström kann nicht ohne Post
    leben:
Sie ist seiner Tage Kost.

Täglich dreimal ist er ganz
    Spannung.
Täglich ist's der gleiche Tanz:

Selten hört er einen Brief
    plumpsen
in den Kasten breit und tief.

Düster schilt er auf den Mann,
    welcher,
wie man weiß, nichts dafür kann.

Endlich kommt er drauf zurück:
    auf das:
»Warenhaus für Kleines Glück«.

Und bestellt dort, frisch vom Rost,
    (quasi):
ein Quartal – »Gemischte Post«!

Und nun kommt von früh bis spät
    Post von
aller Art und Qualität.

Jedermann teilt sich ihm mit,
    brieflich,
denkt an ihn auf Schritt und Tritt.

Palmström sieht sich in die Welt
    plötzlich
überall hineingestellt …

Und ihm wird schon wirr und weh …
    Doch es
ist ja nur das – »W.K.G.«

Bona fide

Palmström geht durch eine fremde Stadt …
Lieber Gott, so denkt er, welch ein Regen!
Und er spannt den Schirm auf, den er hat.

Doch am Himmel tut sich nichts bewegen,
und kein Windhauch rührt ein Blatt.
Gleichwohl darf man jenen Argwohn hegen.

Denn das Pflaster, über das er wandelt,
ist vom Magistrat voll List – gesprenkelt.
Bona fide hat der Gast gehandelt.

Sprachstudien

Korf und Palmström nehmen Lektionen,
um das Wetter-Wendische zu lernen.
Täglich pilgern sie zu den modernen
Ollendorffschen Sprachlehrgrammophonen.

Dort nun lassen sie mit vielen andern,
welche gleichfalls steile Charaktere,
(gleich als ob's ein Ziel für Edle wäre),
sich im Wetter-Wendischen bewandern.

Dies Idiom behebt den Geist der Schwere,
macht sie unstät, launisch und cholerisch …
Doch die Sache bleibt nur peripherisch.
Und sie werden wieder – Charaktere.

Theater

Palmström denkt sich d i e s e s aus:
Ein quadratisch Bühnenhaus,

mit (v. Korf begreift es kaum)
drehbarem Zuschauerraum.

Viermal wechselt Dichters Welt,
viermal wirst du umgestellt.

Auf vier Bühnen tief und breit
schaust du basse Wirklichkeit.

Denn in dieser Quadratur,
wo pro Jahr e i n Drama nur,

wird natürlich jeder Akt
höchst veristisch angepackt.

Mauern siehst du da von Stein,
Bäche murmeln quick und rein.

Erdreich riechst du schlecht und recht,
Gras und Baum blühn wurzelecht.

Alles steht hier für ein Jahr
und ist deshalb wirklich wahr. –

Palmström macht sich ein Modell:
formt aus Rauschgold einen Quell

und aus Schächtelchen ein Dorf ...
und verehrt das Ganze Korf.

Im Tierkostüm

Palmström liebt es, Tiere nachzuahmen,
und erzieht zwei junge Schneider
lediglich auf Tierkostüme.

So z. B. hockt er gern als Rabe
auf dem oberen Aste einer Eiche
und beobachtet den Himmel.

Häufig auch als Bernhardiner
legt er zottigen Kopf auf tapfere Pfoten,
bellt im Schlaf und träumt gerettete Wanderer.

Oder spinnt ein Netz in seinem Garten
aus Spagat und sitzt als eine Spinne
tagelang in dessen Mitte.

Oder schwimmt, ein glotzgeäugter Karpfen,
rund um die Fontäne seines Teiches
und erlaubt den Kindern ihn zu füttern.

Oder hängt sich im Kostüm des Storches
unter eines Luftschiffs Gondel
und verreist so nach Ägypten.

Die Tagnachtlampe

Korf erfindet eine Tagnachtlampe,
die, sobald sie angedreht,
selbst den hellsten Tag
in Nacht verwandelt.

Als er sie vor des Kongresses Rampe
demonstriert, vermag
niemand, der sein Fach versteht,
zu verkennen, daß es sich hier handelt –

(Finster wird's am hellerlichten Tag,
und ein Beifallssturm das Haus durchweht)
(Und man ruft dem Diener Mampe;
»Licht anzünden!«) – daß es sich hier handelt

um das Faktum: daß gedachte Lampe,
in der Tat, wenn angedreht,
selbst den hellsten Tag
in Nacht verwandelt.

Die Korfsche Uhr

Korf erfindet eine Uhr,
die mit zwei Paar Zeigern kreist,
und damit nach vorn nicht nur,
sondern auch nach rückwärts weist.

Zeigt sie zwei, – somit auch zehn;
zeigt sie drei, – somit auch neun;
und man braucht nur hinzusehn,
um die Zeit nicht mehr zu scheun.

Denn auf dieser Uhr von Korfen,
mit dem janushaften Lauf,
(dazu ward sie so entworfen):
hebt die Zeit sich selber auf.

Palmströms Uhr

Palmströms Uhr ist andrer Art,
reagiert mimosisch zart.

Wer sie bittet, wird empfangen.
Oft schon ist sie so gegangen,

wie man herzlich sie gebeten,
ist zurück- und vorgetreten,

eine Stunde, zwei, drei Stunden,
jenachdem sie mitempfunden.

Selbst als Uhr, mit ihren Zeiten,
will sie nicht Prinzipien reiten:

Zwar ein Werk, wie allerwärts,
doch zugleich ein Werk – mit Herz.

Die Geruchs-Orgel

Palmström baut sich eine Geruchs-Orgel
und spielt drauf v. Korfs Nießwurz-Sonate.

Diese beginnt mit Alpenkräuter-Triolen
und erfreut durch eine Akazien-Arie.

Doch im Scherzo, plötzlich und unerwartet,
zwischen Tuberosen und Eukalyptus,

folgen die drei berühmten Nießwurz-Stellen,
welche der Sonate den Namen geben.

Palmström fällt bei diesen Ha-Cis-Synkopen
jedesmal beinahe vom Sessel, während

Korf daheim, am sichern Schreibtisch sitzend,
Opus hinter Opus aufs Papier wirft ...

Der Aromat

Angeregt durch Korfs Geruchs-Sonaten,
gründen Freunde einen »Aromaten«.

Einen Raum, in welchem, kurz gesprochen,
nicht geschluckt wird, sondern nur gerochen.

Gegen Einwurf kleiner Münzen treten
aus der Wand balsamische Trompeten,

die den Gästen in geblähte Nasen,
was sie wünschen, leicht und lustig blasen.

Und zugleich erscheint auf einem Schild
des Gerichtes wohlgetroffnes Bild.

Viele Hunderte, um nicht zu lügen,
speisen nun erst wirklich mit Vergnügen.

Die unmögliche Tatsache

Palmström, etwas schon an Jahren,
wird an einer Straßenbeuge
und von einem Kraftfahrzeuge
überfahren.

»Wie war« (spricht er, sich erhebend
und entschlossen weiterlebend)
»möglich, wie dies Unglück, ja – :
daß es überhaupt geschah?

Ist die Staatskunst anzuklagen
in bezug auf Kraftfahrwagen?
Gab die Polizeivorschrift
hier dem Fahrer freie Trift?

Oder war vielmehr verboten,
hier Lebendige zu Toten
umzuwandeln, – kurz und schlicht:
D u r f t e hier der Kutscher nicht –?«

Eingehüllt in feuchte Tücher,
prüft er die Gesetzesbücher
und ist alsobald im Klaren:
Wagen durften dort nicht fahren!

Und er kommt zu dem Ergebnis:
Nur ein Traum war das Erlebnis.
Weil, so schließt er messerscharf,
nicht sein k a n n , was nicht sein d a r f .

Die Behörde

Korf erhält vom Polizeibüro
ein geharnischt Formular,
wer er sei und wie und wo.

Welchen Orts er bis anheute war,
welchen Stands und überhaupt,
wo geboren, Tag und Jahr.

Ob ihm überhaupt erlaubt,
hier zu leben und zu welchem Zweck,
wieviel Geld er hat und was er glaubt.

Umgekehrten Falls man ihn vom Fleck
in Arrest verführen würde, und
drunter steht: Borowsky, Heck.

Korf erwidert darauf kurz und rund:
»Einer hohen Direktion
stellt sich, laut persönlichem Befund,

untig angefertigte Person
als nichtexistent im Eigen-Sinn
bürgerlicher Konvention

vor und aus und zeichnet, wennschonhin
mitbedauernd nebigen Betreff,
Korf. (An die Bezirksbehörde in –).«

Staunend liest's der anbetroffne Chef.

Die Mausefalle

Palmström hat nicht Speck im Haus
dahingegen eine Maus.

Korf, bewegt von seinem Jammer,
baut ihm eine Gitterkammer.

Und mit einer Geige fein
setzt er seinen Freund hinein.

Nacht ist's und die Sterne funkeln.
Palmström musiziert im Dunkeln.

Und derweil er konzertiert,
kommt die Maus hereinspaziert.

Hinter ihr, geheimer Weise,
fällt die Pforte leicht und leise.

Vor ihr sinkt in Schlaf alsbald
Palmströms schweigende Gestalt.

II

Morgens kommt v. Korf und lädt
das so nützliche Gerät

in den nächsten, sozusagen,
mittelgroßen Möbelwagen,

den ein starkes Roß beschwingt
nach der fernen Waldung bringt,

wo in tiefer Einsamkeit
er das seltne Paar befreit.

Erst spaziert die Maus heraus,
und dann Palmström, nach der Maus.

Froh genießt das Tier der neuen
Heimat, ohne sich zu scheuen.

Während Palmström, glückverklärt,
mit v. Korf nach Hause fährt.

Die weggeworfene Flinte

Palmström findet eines Abends,
als er zwischen hohem Korn
singend schweift,
eine Flinte.

Trauernd bricht er seinen Hymnus
ab und setzt sich in den Mohn,
seinen Fund
zu betrachten.

Innig stellt er den Verzagten,
der ins Korn sie warf, sich vor
und beklagt
ihn von Herzen.

Mohn und Ähren und Cyanen
windet seine Hand derweil
still um Lauf,
Hahn und Kolben ...

Und er lehnt den so bekränzten
Stutzen an den Kreuzwegstein,
hoffend zart,
daß der Zage,

noch einmal des Weges kommend,
ihn erblicken möge – und –
(… Seht den Mond
groß im Osten …)

Korfs Verzauberung

Korf erfährt von einer fernen Base,
einer Zauberin,
die aus Kräuterschaum Planeten blase,
und er eilt dahin,
eilt dahin gen Odelidelase,
zu der Zauberin …

findet wandelnd sie auf ihrer Wiese,
fragt sie, ob sie sei,
die aus Kräuterschaum Planeten bliese,
ob sie sei die Fei,
sei die Fei von Odeladelise?
»Ja, sie sei die Fei!«

Und sie reicht ihm willig Krug und Ähre,
und er bläst den Schaum,
und sieh da, die wunderschönste Sphäre
wölbt sich in den Raum,
wölbt sich auf, als ob's ein Weltball wäre,
nicht nur Schaum und Traum.

Und die Kugel löst sich los vom Halme,
schwebt gelind empor,
dreht sich um und mischt dem Sphärenpsalme,
mischt dem Sphärenchor
Töne, wie aus ferner Hirtenschalme
dringen sanft hervor.

In dem Spiegel aber ihrer Runde
schaut v. Korf beglückt,
was ihm je in jeder guten Stunde
durch den Sinn gerückt:
Seine Welt erblickt mit offnem Munde
Korf entzückt.

Und er nennt die Base seine Muse,
und sieh da! sieh dort!
Es erfaßt ihn was an seiner Bluse
und entführt ihn fort,
führt ihn fort aus Odeladeluse
nach dem neuen Ort ...

Professor Palmström

Irgendwo im Lande gibt es meist
einen Staat, von dem, was sich an Geist
irgendwo befindet und erweist,
doch noch nirgendwo Professor heißt,

eben zum Professor wird gemacht,
wie von wem, der unaufhörlich wacht,
ob auch jeder Seele wird gedacht,
die der Menschheit Glück und Heil gebracht.

53

Solch ein Staat und solch ein Fürst, o denkt,
hat auch Palmströms Los zum Licht gelenkt,
hat ihm den Professorrang geschenkt
und das Kreuz für Kunst ihm umgehenkt.

Palmström gibt das Kreuz für Kunst zurück;
denn er trägt kein solches Kleidungsstück.
Den Professor nicht; denn man versteht:
Als Professor gilt erst ein Prophet.

Muhme Kunkel

Palma Kunkel ist mit Palm verwandt,
doch im Übrigen sonst nicht bekannt.
Und sie wünscht auch nicht bekannt zu sein,
lebt am liebsten ganz für sich allein.

Über Muhme Palma Kunkel drum
bleibt auch der Chronist vollkommen stumm.
Nur wo selbst sie aus dem Dunkel tritt,
teilt er dies ihr Treten treulich mit.

Doch sie trat bis jetzt noch nicht ans Licht,
und sie will es auch in Zukunft nicht.
Schon daß hier ihr Name lautbar ward,
widerspricht vollkommen ihrer Art.

Der Papagei

Palma Kunkels Papagei
spekuliert nicht auf Applaus:
niemals, was auch immer sei,
spricht er seine Wörter aus.

Deren Zahl ist ohne Zahl:
denn er ist das klügste Tier,
das man je zum Kauf empfahl,
und der Zucht vollkommne Zier.

Doch indem er streng dich mißt,
scheint sein Zungenglied verdorrt:
gleichviel, wer du immer bist,
er verrät dir nicht ein Wort.

Lore

Wie heißt der Papagei? wird mancher fragen.
Doch nie wird jemand jemandem dies sagen.

Er ward einmal mit »Lore« angesprochen –
und fiel darauf in Wehmut viele Wochen.

Er ward erst wieder voll und ganz gesund
durch einen Freund: Fritz Kunkels jungen Hund.

Lorus

Fritz Kunkels Pudel ward, noch ungetauft,
von einem Stiefmilchbruder Korfs gekauft.

Es trieb ihn, als er, hilfreich von Natur,
der sogenannten »Lore« Leid erfuhr,

sogleich zu ihr: worauf er, der nicht hieß,
sich ihr zum Troste »Lorus« taufen ließ:

den Namen also gleichsam auf sich nehmend –
und alle Welt durch diese Tat beschämend!

Korf selbst vollzog den Taufakt unverweilt.
Der Vogel aber war fortan geheilt.

Wort-Kunst

Palma Kunkel spricht auch. O gewiß.
Freilich nicht wie Volk der Finsternis.

Nicht von Worten kollernd wie ein Bronnen,
niemals nachwärts-, immer vorbesonnen.

Völlig fremd den hilflos vielen Schällen,
fragt sie nur in wirklich großen Fällen.

Fragt den Zwergen niemals, nur den Riesen,
und auch nicht, wie es ihm gehe, diesen.

Nicht vom Wetter spricht sie, nicht vom Schneider,
höchstens von den Grundproblemen beider.

Und so bleibt sie jung und unverbraucht,
weil ihr Odem nicht wie Dunst verraucht.

Zäzilie

Zäzilie soll die Fenster putzen,
sich selbst zum Gram, jedoch dem Haus zum Nutzen.

Durch meine Fenster muß man, spricht die Frau,
so durchsehn können, daß man nicht genau
erkennen kann, ob dieser Fenster Glas
Glas oder bloße Luft ist. Merk dir das.

Zäzilie ringt mit allen Menschen-Waffen …
Doch Ähnlichkeit mit Luft ist nicht zu schaffen.
Zuletzt ermannt sie sich mit einem Schrei –
und schlägt die Fenster allesamt entzwei!
Dann säubert sie die Rahmen von den Resten,

und ohne Zweifel ist es so am besten.
Sogar die Dame spricht, zunächst verdutzt:
So hat Zäzilie ja noch nie geputzt.

Doch alsobald ersieht man, was geschehn,
und spricht einstimmig: Diese Magd muß gehn.

KORF UND PALMSTRÖM WETTEIFERN IN NOTTURNOS

Die Priesterin

Nachdenklich nickt im Dämmer die Pagode …
Daneben tritt aus ihres Hauses Pforte
T'ang-ku-ei-i, die Hüterin der Orte
vom krausen Leben und vom grausen Tode.

Aus ihrem Munde hängt die Mondschein-Ode
Tang-Wangs, des Kaisers, mit geblümter Borte,
in ihren Händen trägt sie eine Torte,
gekrönt von einer winzigen Kommode.

So wandelt sie die sieben ängstlich schmalen
aus Flötenholz geschwungnen Tempelbrücken
zum Grabe des vom Mond erschlagnen Hundes –

und brockt den Kuchen in die Opferschalen –
und lockt den Mond, sich auf den Schrein zu bücken,
und reicht ihm ihr Gedicht gespitzten Mundes …

v. K.

Der Rock

Der Rock, am Tage angehabt,
er ruht zur Nacht sich schweigend aus;
durch seine hohlen Ärmel trabt
die Maus.

Durch seine hohlen Ärmel trabt
gespenstisch auf und ab die Maus ...
Der Rock, am Tage angehabt,
er ruht zur Nacht sich aus.

Er ruht, am Tage angehabt,
im Schoß der Nacht sich schweigend aus,
er ruht, von seiner Maus durchtrabt,
sich aus.

P.

DER WASSERESEL UND ANDERES

Der Wasseresel

Der Wasseresel taucht empor
und legt sich rücklings auf das Moor.

Und ordnet künstlich sein Gebein,
im Hinblick auf den Mondenschein:

So daß der Mond ein Ornament
auf seines Bauches Wölbung brennt ...

Mit diesem Ornamente naht
er sich der Fingur Wasserstaat.

Und wird von dieser, rings beneidet,
mit einem Doktorhut bekleidet.

Als Lehrer liest er nun am Pult,
wie man durch Geist, Licht und Geduld,

verschönern könne, was sonst nicht
in allem dem Geschmack entspricht.

Er stellt zuletzt mit viel Humor
sich selbst als lehrreich Beispiel vor.

»Einst war ich meiner Dummheit Beute«
so spricht er – »und was bin ich heute?

Ein Kunstwerk der Kulturbegierde,
des Waldes Stolz, des Weihers Zierde!

Seht her, ich bring' euch in Person
das Kunsthandwerk als Religion.«

Das Perlhuhn

Das Perlhuhn zählt: eins, zwei, drei, vier.
Was zählt es wohl, das gute Tier,
    dort unter den dunklen Erlen?

Es zählt, von Wissensdrang gejückt,
(die es sowohl wie uns entzückt):
    die Anzahl seiner Perlen.

Das Einhorn

Das Einhorn lebt von Ort zu Ort
    nur noch als Wirtshaus fort.

Man geht hinein zur Abendstund'
    und sitzt den Stammtisch rund.

Wer weiß! Nach Jahr und Tag sind wir
    auch ganz wie jenes Tier

Hotels nur noch, darin man speist –
    (so völlig wurden wir zu Geist).

Im »Goldnen Menschen« sitzt man dann
    und sagt sein Solo an …

Die Nähe

Die Nähe ging verträumt umher …
Sie kam nie zu den Dingen selber.
Ihr Antlitz wurde gelb und gelber,
und ihren Leib ergriff die Zehr.

Doch eines Nachts, derweil sie schlief,
da trat wer an ihr Bette hin
und sprach: »Steh auf, mein Kind, ich bin
der kategorische Komparativ!

Ich werde dich zum Näher steigern,
ja, wenn du willst, zur Näherin!«
Die Nähe, ohne sich zu weigern,
sie nahm auch dies als Schicksal hin.

Als Näherin jedoch vergaß
sie leider völlig, was sie wollte,
und nähte Putz und hieß Frau Nolte
und hielt all Obiges für Spaß.

Der Salm

Ein Rheinsalm schwamm den Rhein
bis in die Schweiz hinein.

Und sprang den Oberlauf
von Fall zu Fall hinauf.

Er war schon weißgottwo,
doch eines Tages – oh! –

da kam er an ein Wehr:
das maß zwölf Fuß und mehr!

Zehn Fuß – die sprang er gut!
Doch hier zerbrach sein Mut.

Drei Wochen stand der Salm
am Fuß der Wasser-Alm.

Und kehrte schließlich stumm
nach Deutsch- und Holland um.

Die Elster

Ein Bach, mit Namen Elster, rinnt
durch Nacht und Nebel und besinnt
inmitten dieser stillen Handlung
sich seiner einstigen Verwandlung,

die ihm vor mehr als tausend Jahren
von einem Magier widerfahren.

Und wie so Nacht und Nebel weben,
erwacht in ihm das alte Leben.
Er fährt in eine in der Nähe
zufällig eingeschlafne Krähe
und fliegt, dieweil sein Bett verdorrt,
wie dermaleinst als Vogel fort.

Anfrage

Der Ichthyologe Berthold Schrauben
will Umiges dem Autor glauben.
Er kennt dergleichen aus Oviden,
doch e i n e s raubt ihm seinen Frieden:

»Wo nämlich«, fragt er, »bleibt die Stelle
der Fischwelt obbenannter Quelle.
Verkörpert sie sich mit zum Raben –
oder verbleibt sie tot im Graben?«

Persönlich sei er für das Erste,
dem Zweiten aber sei die mehrste
Wahrscheinlichkeit zu geben, da,
als seinerzeit die Tat geschah,

die Pica von dem mächtigen Feinde
in einen ohne Fischgemeinde
zunächst gedachten Wasserlauf
verwandelt worden sei, worauf

erst später jene, teils durch Neben-
gewässer, teils durch Menschenstreben,
als übliche Bewohnersphäre
ihm eingegliedert worden wäre.

Es sei für einen Fall wie diesen,
von Nennwert, nicht unangewiesen,
wenn er, empfand' man's gleich als Bürde,
bis auf den Grund durchleuchtet würde.

Antwort (i.A.)

»Sehr geehrter Herr! Gestatten
Sie der Gattin meines Gatten
seine Antwort mitzuteilen.

Er beglückwünscht sich zu solchen
Äußerungen, die gleich Dolchen
seiner Werke Brust durchwühlen.

Doch er ist zurzeit verhindert.
Nämlich (was den Vorwurf mindert)
durch Verfolgung jenes Falles –

statt nach rückwärts, wie Sie streben,
vorwärts: in das neue Leben
unsrer trefflichen Schalalster!

(Ach, mein Herr, ich wünsch' es keinem.)
Folgender »Entwurf zu einem
bürgerlichen Trauerspiele«

gibt dem Ganzen eine Wende,
die uns, wie Sie (und wohl viele)
nicht ganz ungleichmütig fühlen

werden, lehrt, wie doch noch alles
recht in Blindheit lebt. Derweilen,
und mit Dank und Grüßen (falls der

Anteil an der Fisch-Allmende
wirklich echt in Ihren Zeilen!)
Ihre X. – Ich bin zu Ende.«

Entwurf zu einem Trauerspiel

Ein Fluß, namens Elster,
besinnt sich auf seine wahre Gestalt
und fliegt eines Abends
einfach weg.

Ein Mann, namens Anton,
erblickt ihn auf seinem Acker und schießt
ihn mit seiner Flinte
einfach tot.

Das Tier, namens Elster,
bereut zu spät seine selbstische Tat;
(denn – Wassersnot tritt
einfach ein).

Der Mann, namens Anton,
(und das ist leider kein Wunder) weiß
von seiner Mitschuld
einfach nichts.

Der Mann, namens Anton,
(und das versöhnt in einigem Maß),
verdurstet gleichwohl
einfach auch.

Das Butterbrotpapier

Ein Butterbrotpapier im Wald, –
da es beschneit wird, fühlt sich kalt …

In seiner Angst, wiewohl es nie
an Denken vorher irgendwie

gedacht, natürlich, als ein Ding
aus Lumpen usw., fing,

aus Angst, so sagte ich, fing an
zu denken, fing, hob an, begann,

zu denken, denkt euch, was das heißt,
bekam (aus Angst, so sagt' ich) Geist,

und zwar, versteht sich, nicht bloß so
vom Himmel droben irgendwo,

vielmehr infolge einer ganz
exakt entstandnen Hirnsubstanz –

die aus Holz, Eiweiß, Mehl und Schmer,
(durch Angst), mit Überspringung der

sonst üblichen Weltalter, an
ihm Boden und Gefäß gewann –

[(mit Überspringung) in und an
ihm Boden und Gefäß gewann.]

Mithilfe dieser Hilfe nun
entschloß sich das Papier zum Tun, –

zum Leben, zum – gleichviel, es fing
zu gehn an – wie ein Schmetterling …

zu kriechen erst, zu fliegen drauf,
bis übers Unterholz hinauf,

dann über die Chaussee und quer
und kreuz und links und hin und her –

wie eben solch ein Tier zur Welt
(je nach dem Wind) (und sonst) sich stellt.

Doch, Freunde! werdet bleich gleich mir! –:
Ein Vogel, dick und ganz voll Gier,

erblickt's (wir sind im Januar …) –
und schickt sich an, mit Haut und Haar –

und schickt sich an, mit Haar und Haut –
(wer mag da endigen!) (mir graut) –

(Bedenkt, was alles nötig war!) –
und schickt sich an, mit Haut und Haar – –

Ein Butterbrotpapier im Wald
gewinnt – aus Angst – Naturgestalt …

Genug!! Der wilde Specht verschluckt
das unersetzliche Produkt …

Diese Karte entnahm ich dem Buch:

☐ Bitte schicken Sie mir das Gesamtverzeichnis

☐ Bitte informieren Sie mich regelmäßig über Neuerscheinungen.

☐ Bitte schicken Sie mir das Gesamtverzeichnis **marix**verlag.

☐ Bitte schicken Sie mir das Gesamtverzeichnis Edition Erdmann „Alte Abenteuerliche Reise- und Entdeckerberichte".

Alle Informationen unter www.marixverlag.de

Mich interessieren folgende Themen:

☐ Geschichte
☐ Philosophie
☐ Weltreligionen
☐ Judaika
☐ Weltliteratur
☐ Kunst

marixverlag

Rückantwort

marixverlag GmbH
Römerweg 10
65187 Wiesbaden

Absender

Name, Vorname

Straße, Nr.

Plz, Ort

Telefonnummer *

Faxnummer *

Email *

Unterschrift

* freiwillige Angabe

Für Ihre schnelle Anfrage:
info@marixverlag.de

ZEITGEDICHTE

Der Ästhet

Wenn ich sitze, will ich nicht
sitzen wie mein Sitz-Fleisch möchte,
sondern wie mein Sitz-Geist sich,
säße er, den Stuhl sich flöchte.

Der jedoch bedarf nicht viel,
schätzt am Stuhl allein den Stil,
überläßt den Zweck des Möbels
ohne Grimm der Gier des Pöbels.

Die Oste

Er ersann zur Weste
eines nachts die Oste!
sprach: »Was es auch koste! —«
sprach (mit großer Geste):

»Laßt uns auch von hinten
seidne Hyazinthen
samt Karfunkelknöpfen
unsern Rumpf umkröpfen!
Nicht nur auf dem Magen
laßt uns Uhren tragen,
nicht nur überm Herzen
unsre Sparsesterzen!
Fort mit dem betreßten
Privileg der Westen!
Gleichheit allerstücken!
Osten für den Rücken!«
Und sieh da, kein Schneider

sagte hierzu: Leider –!
Hunderttausend Scheren
sah man Stoffe queren …
Ungezählte Posten
wurden schönster Osten
noch vor seinem Tode
»letzter Schrei« der Mode.

Die Schuhe

Man sieht sehr häufig unrecht tun,
doch selten öfter als den Schuhn.

Man weiß, daß sie nach ewgen Normen
die Form der Füße treu umformen.

Die Sohlen scheinen auszuschweifen,
bis sie am Ballen sich begreifen.

Ein jeder merkt: es ist ein Paar.
Nur Mägden wird dies niemals klar.

Sie setzen Stiefel (wo auch immer)
einander abgekehrt vors Zimmer.

Was müßen solche Schuhe leiden!
Sie sind so fleißig, so bescheiden;

sie wollen nichts auf dieser Welt,
als daß man sie zusammen stellt,

nicht auseinanderstrebend wie
das unvernünftig blöde Vieh!

O Ihr Marie, Sophie, Therese, –
der Satan wird euch einst, der böse,

die Stiefel anziehn, wenn es heißt,
hinweg zu gehn als seliger Geist!

Dann werdet ihr voll Wehgeheule
das Schicksal teilen jener Eule,

die, als zwei Hasen nach sie flog,
und plötzlich jeder seitwärts bog,

der eine links, der andre rechts,
z e r r i ß (im Eifer des Gefechts)!

Wie Puppen, mitten durchgesägte,
so werdet ihr alsdann, ihr Mägde,

bei Engeln halb und halb bei Teufeln
von nie gestillten Tränen träufeln,

der Hölle ein willkommner Spott
und peinlich selbst dem lieben Gott.

Die Zeit

Es gibt ein sehr probates Mittel,
die Zeit zu halten am Schlawittel:
Man nimmt die Taschenuhr zur Hand
und folgt dem Zeiger unverwandt.

Sie geht so langsam dann, so brav
als wie ein wohlgezogen Schaf,
setzt Fuß vor Fuß so voll Manier
als wie ein Fräulein von Saint-Cyr.

Jedoch verträumst du dich ein Weilchen,
so rückt das züchtigliche Veilchen
mit Beinen wie der Vogel Strauß
und heimlich wie ein Puma aus.

Und wieder siehst du auf sie nieder;
ha, Elende! – Doch was ist das?
Unschuldig lächelnd macht sie wieder
die zierlichsten Sekunden-Pas.

Die Lämmerwolke

Es blökt eine Lämmerwolke
am blauen Firmament,
sie blökt nach ihrem Volke,
das sich von ihr getrennt.

Zu Bomst das Luftschiff »Gunther«
vernimmt's und fährt empor
und bringt die Gute herunter,
die, ach, so viel verlor.

Bei Bomst wohl auf der Weide,
da schwebt sie nun voll Dank,
drei Jungfraun in weißem Kleide,
die bringen ihr Speis und Trank.

Doch als der Morgen gekommen,
der nächste Morgen bei Bomst, –
da war sie nach Schrimm verschwommen,
wohin du von Bomst aus kommst

Die Stationen

Überall, auf allen Stationen
ruft der Mensch den Namen der Station,
überall, wo Bahnbeamte wohnen,
schallt es Köpnik oder Iserlohn.
Wohl der Stadt, die Gott tut so belohnen:
Nicht im Stein nur lebt sie, auch im Ton!
Täglich vielmals wird sie laut verkündet
und dem Hirn des Passagiers verbündet.

Selbst des Nachts, wo sonst nur Diebe munkeln,
hört man: Kötschenbroda, Schrimm, Kamenz,
sieht man Augen, Knöpfe, Fenster funkeln;
kein Statiönchen ist so klein – man nennt's!
Prenzlau, Bunzlau kennt man selbst im Dunkeln
dank des Dampfs verbindender Tendenz.
Nur die Dörfer seitwärts liegen stille …
Doch getrost, auch dies ist Gottes Wille.

St. Expeditus

Einem Kloster, voll von Nonnen,
waren Menschen wohlgesonnen.

Und sie schickten, gute Christen,
ihm nach Rom die schönsten Kisten:

Äpfel, Birnen, Kuchen, Socken,
eine Spieluhr, kleine Glocken,

Gartenwerkzeug, Schuhe, Schürzen.
Außen aber stand: Nicht stürzen!

Oder: Vorsicht! oder welche
wiesen schwarzgemalte Kelche.

Und auf jeder Kiste stand
»Espedito«, kurzerhand.

Unsre Nonnen, die nicht wußten,
wem sie dafür danken mußten,

denn das Gut kam anonym,
dankten vorderhand nur IHM,

rieten aber doch ohn' Ende
nach dem Sender solcher Spende.

Plötzlich rief die Schwester Pia
eines Morgens: Santa mia!

Nicht von Juden, nicht von Christen
stammen diese Wunderkisten –

Expeditus, o Geschwister,
heißt er und ein Heiliger ist er!

Und sie fielen auf die Kniee.
Und der Heilige sprach: Siehe!

Endlich habt ihr mich erkannt.
Und nun malt mich an die Wand!

Und sie ließen einen kommen,
einen Maler, einen frommen.

Und es malte der Artiste
Expeditum mit der Kiste. –

Und der Kult gewann an Breite.
Jeder, der beschenkt ward, weihte

kleine Tafeln ihm und Kerzen.
Kurz, er war in aller Herzen.

II

Da auf einmal, neunzehnhundert –
fünf, vernimmt die Welt verwundert,

daß die Kirche diesen Mann
fürder nicht mehr dulden kann.

Grausam schallt von Rom es her:
Expeditus ist nicht mehr!

Und da seine lieben Nonnen
längst dem Erdental entronnen,

steht er da und sieht sich um –
und die ganze Welt bleibt stumm.

Ich allein hier hoch im Norden
fühle mich von seinem Orden,

und mein Ketzergriffel schreibt:
Sanctus Expeditus – bleibt.

Und weil jenes nichts mehr gilt,
male ich hier neu sein Bild: –

Expeditum, den Gesandten
grüß' ich hier, des Unbekannten.

Expeditum, ihn, den Heiligen,
mit den Füßen, den viel eiligen,

mit den milden, weißen Haaren
und dem fröhlichen Gebaren,

mit den Augen braun, voll Güte,
und mit einer großen Düte,

die den überraschten Kindern
strebt ihr spärlich Los zu lindern.

Einen güldnen Heiligenschein
geb' ich ihm noch obendrein,

den sein Lächeln um ihn breitet,
wenn er durch die Lande schreitet.

Und um ihn in Engelswonnen
stell ich seine treuen Nonnen:

Mägdlein aus Italiens Auen,
himmlisch lieblich anzuschauen.

Eine aber macht, fürwahr,
eine lange Nase gar.

Just ins »Bronzne Tor« hinein
spannt sie ihr klein Fingerlein:

Oben aber aus dem Himmel
quillt der Heiligen Gewimmel,

und holdselig singt Maria:
S a n t o   E s p e d i t o - s i a !

Ein modernes Märchen

I Früchte der Bildung

Schränke öffnen sich allein,
Schränke klaffen auf und spein
Fräcke, Hosen aus und Kleider,
nebst den Attributen beider.

Und sie wandeln in den Raum,
wie ein sonderbarer Traum,
wehen hin und her und schreiten
ganz wie zu benutzten Zeiten.

Auf den Sofas, auf den Truhn
sieht man sitzen sie und ruhn,
auf den Sesseln, an den Tischen
am Kamin und in den Nischen.

Seltsam sind sie anzuschaun,
kopflos, handlos, Männer, Fraun;
doch mit Recht verwundert jeden,
daß sie nicht ein Wörtlein reden.

Dieser Frack und jener Rock,
beide schweigen wie ein Stock,
lehnen ab, wie einst im Märchen,
sich zu rufen Franz und Klärchen.

Ohne Mund entsteht kein Ton,
lernten sie als Kinder schon:
Und so reden Wams und Weste
lediglich in stummer Geste.

Ein Uhr schlägt's, die Schränke schrein:
Kommt, und mög' euch Gott verzeihn!
Krachend fliegen zu die Flügel,
und – nur eins hängt nicht am Bügel!

II Not lehrt beten

Eine Spitzenbluse nämlich,
oh, entsetzlich und beschämlich,
hat sich bei der wilden Jagd,
wilden Heimjagd der Gespenster –
eine Spitzenbluse nämlich
hat sich bei der Jagd am Fenster –
haken heillos festgehakt.

Kalt bescheint der Mond die krause
Dulderin im dunklen Hause,
die vom Fenster fortstrebt, wie
wer da fliehen will im Traume,
doch kein Schrittchen rückt im Raume, –
grell bescheint der Mond die grause
krasse, krause Szenerie …

Da erscheint vom Nebenzimmer,
angelockt durch ihr Gewimmer:
denn sie schrie! die Bluse s c h r i e ! –
da erscheint vom Nebenzimmer,
hergelockt durch ihr Gewimmer,
schwebt herein vom Nebenzimmer,
schlafgeschloßnen Auges – SIE.

Und sie hakt das arme Wesen –
hakt es ohne Federlesen
los und hängt es ans Regal;
schwebt dann wieder heim ins Neben-

zimmer, schwebt, wie eben Wesen,
die im Schlafe wandeln, schweben,
schwebt so wieder dann ins Neben-
zimmer heim und heim zum Herrn Gemahl.

NACHLESE ZU PALMSTRÖM UND VON KORF

Der Saal

Eugen, der Juwelendieb,
stahl auch Stiefel oder Hemden,
ohne daß ihm ein Befremden
über sich zurücke blieb.

Eines Monats aber stahl
er (man wird's nicht glauben wollen)
einen ganzen wundervollen
grade nicht benutzten Saal.

Mitten in dem Häuserblock
einer sehr belebten Gegend,
drin kein Mensch war Argwohn hegend,
lag der Saal im ersten Stock.

Durch den Boden einer Stube,
die darüber lag, ersann
einen Zugang er, und dann
stieg er einfach ein, der Bube.

Auf der Spree, da lag ein Kahn,
drein der Saal zunächst verbannt ward.
Freundlich lächelte der Strandwart,
sah er Eugens Karre nahn.

Eines Tags im Juli fuhr
er gen Hamburg ganz vergnüglich,
und von da ging's unverzüglich
übers Meer nach Baltimur.

Dort lief Eugen nach Attesten
für den lustigen Skandal –
und bereist seitdem den Westen
mit dem hier gestohlnen Saal.

Wer jedoch beschreibt den tristen
Reiz der Sache hier zu Haus!
Selbst die ältsten Polizisten
wissen nicht mehr ein noch aus.

Nichts mehr ist zurück vom Saale.
Das nur, was dahinter war,
beut, wie eine wüste Schale,
sich dem Bürgerauge dar.

Das achtfache (Tricolor-Binocle) Glas

Palmström bekam ein Opernglas geschenkt,
womit er sich nun in die Welt versenkt.
Doch glaubt nicht, daß man ihn beneiden darf:
denn ach! Es ist für seine Welt zu scharf.

Die Welt, die ihn umfängt und int'ressiert,
mißt dreihundert Meter im Geviert.
Das Fernglas aber zeigt immer Gegenstände,
die viel, viel weiter draußen im Gelände.

Er sieht mit seinen Linsen lediglich
ein Ungewisses Nebelreich um sich,
ja, Zirkus selbst, Konzertsaal und Theater
sind nichts wie einige verschwommne Krater.

Palmström versucht hierauf nach solchem Scheitern
den Horizont behutsam zu erweitern.
Umsonst! es weiß der wundervolle ›Zeiss‹
allein von Solchem, wovon er nichts weiß.

Die Wissenschaft

So beschließen beide denn
nach so manchem Doch und Wenn

sich mit ihren Theorien
vor die Wissenschaft zu knien.

Doch die Wissenschaft, man weiß es,
achtet nicht des Laienfleißes.

Hier auch schürzt sie nur den Mund,
murmelt von ›Phantasmen‹ und

beugt sich wieder dann auf ihre
wichtigen Spezialpapiere.

»Komm«, spricht Palmström, »Kamerad, –
alles Feinste bleibt – privat!«

Palmström hat sehr viele Menschen gern

Palmström hat sehr viele Menschen gern,
doch die von ihm sehr geliebten Herrn
sind nicht immer gern zu haben,
sondern oft vertrackte Knaben.

Alpinismus

I

Palmström rechnet mit v. Korf zu Haus
den Kubikinhalt der Alpen aus
(denn er denkt die Alpen sich als einen
Würfel aus Touristen, Kühen und Steinen)
und fixiert des Würfels Höh auf praeter-
propter 63 Kilometer.
Er besteigt, statt daß wie sonst er reist,
ihn in Julinächten oft im Geist.
190 000 Fuß ob Tschirne
hegt er und sieht faustgroß die Gestirne.

II (Angewandte Wissenschaft)

Palmström denkt die Alpen sich als Kubus ...
und besteigt sie so, mit seinem Tubus.

Dreiundsechzighundert Hektometer
überm Spiegel seiner Wohnung steht er –

sieht die Gasschiff-Flotte der Korona
und erblickt das Mondschaf in persona.

Feuerprobe

In das Museum der Gegenbeispiele
        zu Stuttgart
kommt nach dem Münchner Elektra-Weihspiele
        Palmström
und überreicht dem Kustos, Herrn Kriegar-Ohs
        sardonisch

ein Partiturexemplar von Figaros
    Hochzeit.
Kriegar-Ohs nimmt sich Muße, den Fall zu buchen,
    und spricht dann:
»Dürften wir nicht vielmehr um Sie selber ersuchen,
    statt des —«
Drauf eilt Palmström vor das Tor der Stadt Stuttgart
    voll Rührung
und zieht dort bis auf die Erde den Hut ab:
    Ave!

Theater II

Korf läßt dies Problem nicht schlafen,
und er fühlt sich erst im Hafen,
als er Palmström, voll vom Geist,
eine Art von – Zollstock weist.

»Siehst du diesen Zollstock«, spricht er;
»dieser Zollstock ist ein Dichter:
Brich mit Kunst ihn hin und wieder,
nütze seine vielen Glieder,
und ein Baum erwächst daraus
und ein Kirchturm und ein Haus
und ein Fenster und ein Ofen
und eine Sphinx für Philosophen!
Wolken von besondrer Schwere,
Schiffe hinten auf dem Meere,
Sternenbilder, Alpenketten
formst du draus gleich Silhouetten,
kurz, in linearem Risse
schaffst du jegliche Kulisse.
›Wirklichkeit‹ zwar schaust du nie,
doch es jauchzt die Phantasie.

Deine massigen Materien,
Palmström, schick sie in die Ferien!
Statt ein schildkrötplumpes Leben
laß uns Blitzstrahl-Chiffren geben, –
ja, fürwahr, gezückt mit Witz,
wird dies schwache Reis zum Blitz,
der, des Dichters Blitz verbündet,
dessen Wortwelt hintergründet!« ...

Palmström liest von reichen Leuten

Palmström liest von reichen Leuten,
die das Geld, das sie erbeuten,
teils in Kellern fremder Schergen,
teils in eignen Schränken bergen.

Er ist fern von solchem Sinn;
was er hat, das legt er hin.

Korf ist fassungslos, und er entflieht

Korf ist fassungslos, und er entflieht,
wenn er Bücher wie den »Brockhaus« sieht.

Er versteht [es] nicht, wie man
zentnerschwere Bücher leiden kann.

Denn er haßt, wie man daselbst den Geist
gleichsam in ein Grab von Stoff verweist.

Geist ist leicht und sollte drum doch auch
leicht gewandet gehn, nach Geisterbrauch.

Doch der Europäer ruht erst dann,
wenn er ihn in Bretter »binden« kann.

Korf erfindet eine Art von Witzen

Korf erfindet eine Art von Witzen,
die erst viele Stunden später wirken.
Jeder hört sie an mit langer Weile.

Doch als hätt' ein Zunder still geglommen,
wird man nachts im Bette plötzlich munter,
selig lächelnd wie ein satter Säugling.

Der durchgesetzte Baum

Palmström läßt sich eine Kapsel baun,
und erfüllt dieselbe mit Alaun.

Hierauf pflanzt er sie in seinen Garten,
um den Wuchs des Kornes abzuwarten.

Regen fällt und Sonne scheint darauf,
und die Erde nimmt das Korn in Kauf,

läßt sich täuschen oder denkt: dem Mann
macht es Spaß, und mir kommt's nicht drauf an.

Und so treibt sie aus der Kapsel Hals
ein Alaunreis zierlich und voll Salz,

und das Reis erwächst, man glaubt es kaum,
bis zu einem wundervollen Baum.

Palmström (ohne vor Triumph zu turkeln!)
läßt den Baum von A bis Z ver-gurgeln,

und von jedermann, der Halsweh hat, –
Palmström wird der Favorit der Stadt.

Palmström legt des Nachts sein Chronometer

Palmström legt des Nachts sein Chronometer,
um sein lästig Ticken nicht zu hören,
in ein Glas mit Opium oder Äther.

Morgens ist die Uhr dann ganz »herunter«.
Ihren Geist von neuem zu beschwören,
macht er sie mit schwarzem Mokka munter.

Die Brillen

Korf liest gerne schnell und viel,
darum widert ihn das Spiel
all des zwölfmal Unerbetnen,
Ausgewalzten, Breitgetretnen.

Meistes ist in sechs bis acht
Silben völlig klargemacht,
und in ebensoviel Sätzen
läßt sich Bandwurmweisheit schwätzen.

Es erfindet drum sein Geist
etwas, was ihn dem entreißt:
Brillen, deren Energien
ihm den Text zusammenziehen!

Beispielsweise dies Gedicht
läse, so bebrillt, man – n i c h t !
Dreiundsechzig seinesgleichen
gäben erst – ein – Fragezeichen!

Die Windhosen

Beim Windhosenschneider Amorf
erstehen sich Palmström und Korf
zwei Windbeinkleider aus best-
empfohlenem Nordnordwest.

So angetan wirbeln sie quer
und kreuz über Festland und Meer
und fassen die Schurken beim Schopf
und lassen die Guten beim Topf.

Der Wetterwart schaut sie und stutzt:
Zum ersten Mal sieht er verdutzt,
was sonst rein phänomenal,
im Dienst einer klaren Moral.

Die Windsbraut

Bei diesem Wirbel über Land und See
hat Korf zum ersten Mal das Weib erschaut,
nach dem er oft gespäht in Luv und Lee,
als wie nach einer sehr erwünschten Braut.

Doch ach, sie war die Braut bereits des Winds,
die »Windsbraut« war's, die seine Ruh gestört, –
er hat es aus dem Mund des schönen Kinds,
daß sie des Winds Gespiel sei, selbst gehört.

v. Korf begibt sich stumm nach seinem Giebel.
Er scheint des Götterspielens schmerzlich müde
und widmet seine Wind-Inexpressibles
dem Freund, und sich erneuter Solitüde.

Vom ewigen Frieden

Palmström, dem die Sache gleichfalls leid ist,
ist das Donum keineswegs zu Dank.
Erstens, weil für seinen Schrank
das Gehöse viel zu weit ist.

Zweitens ... usw. Schließlich, endlich
schreibt er seinem vorgesetzten Staat:
»Werter Herr! In summa: Eine Tat
soll geschehen! Gratis selbstverständlich!«

Und er bietet ihm die Wetterhosen
um den Preis des ewigen Friedens an.
Nämlich, sagt er, niemand fürder kann
wider den Besitzer sich erbosen.

»Niemand greift Sie an sotanen Falles.
Bauen Sie drum den Hosen einen Turm!
Einen ›Palmströmturm‹, und das ist alles.
Hier in Ihren Händen ruht – der Sturm.«

Palmström fühlt sich reiner Tränen Beute.
Endlich, glaubt er, sei die Welt befreit,
und ihm träumt von einer neuen Zeit ...
Doch auf Antwort wartet er noch heute.

Die Schreibmaschine

Korf erfindet eine Schreibmaschine,
die, daß sie gewählten Zwecken diene,
nicht mit Farben schreibt, vielmehr mit Feuer
und auf Wolkenfetzen ungeheuer.

Sitzt er mitternächtlich an den Tasten,
glaubt man an ein meteorisch Glasten.
Doch es ist ein neu Poem, von Korfen
in den Raum zu kurzer Schau geworfen.

Massenweise strömt man zur Lektüre,
späht aus Speicherguck und Dachfalltüre,
und in blitzesschnellen Arabesken
liest man Korfs gigantische Grotesken.

Auf dem Söller seines Hauses kauernd
und auf Cumulus und Stratus lauernd
harrt er halbe Nächte, fabelnd, grübelnd,
und dem Raum sein blankes Blau verübelnd.

Nahen endlich wieder Wolkenlasten,
stürzt er sich gewaltig auf die Tasten;
und empor auf feurigen Kothurnen
funkeln Korfs phantastische Notturnen.

Palmström stellt ein Bündel Kerzen

Palmström stellt ein Bündel Kerzen
auf des Nachttischs Marmorplatte
und verfolgt es beim Zerschmelzen.

Seltsam formt es ein Gebirge
aus herabgefloßner Lava,
bildet Zotteln, Zungen, Schnecken.

Schwankend über dem Gerinne
stehn die Dochte mit den Flammen
gleichwie goldene Zypressen.

Auf den weißen Märchenfelsen
schaut des Träumers Auge Scharen
unverzagter Sonnenpilger.

Korf und Palmström bauen ein Haus

Korf und Palmström bauen ein Haus,
dieses Haus sieht also aus:

Denkt euch einen Obelips
ganz aus Gips.

Drüber ist ein Dach zu sehn,
drauf die sieben Grazien stehn.

Links und rechts vom Obelispen,
den Balkons barock durchrispen,

leuchten auf in schönem Glanz
Fenster rings von Renässanz.

Und dahinter prangen Öfen
voll von Feen und [Weih'n] und Löfen.

[...]

Korfs und Palmströms Zwiespalt oder Palmström wird Staatsbürger:

I. Die beiden Feste

Korf und Palmström geben je ein Fest.

Dieser lädt die ganze Welt zu Gaste:
doch allein zum Zwecke, daß sie – faste!
einen Tag lang sich mit nichts belaste!
Und ein – Antihungersnotfonds ist der Rest.

Korf hingegen wandert zu den Armen,
zu den Krüppeln und den leider Schlimmen
und versucht sie alle so zu stimmen,
daß sie einen Tag lang nicht ergrimmen,
daß in ihnen anhebt aufzuglimmen
ein jedweden »Feind« umfassendes – Erbarmen.

Beide lassen so die Menschen schenken
statt genießen, und sie meinen: freuen
könnten Wesen (die nun einmal – denken)
sich allein an solchen gänzlich neuen
Festen.

II. Ein Interview

Palmström wird gefragt, wie er sich zu der
Todesfrage stelle.
Er erwidert: »Lieber Herr und Bruder,

gibt's denn da noch wirklich ein sich Stellen
innert einer Welt
christlicher Geschwister und Gesellen?

Lieber Herr, was wollen Sie dem Armen
mit Gewehr und Beil?
Ist der Mensch so bar noch an Erbarmen?

Oder lassen Sie mich anders sprechen:
Ist man ohne Teil
an dem, sei's auch traurigsten Verbrechen?

Wer es ist, der trete vor und hebe
seine Hand zum Licht.
Oder aber unser Bruder – lebe!

III. (a) Der Homunculus

Als man dies im Blättchen liest gedruckt,
meldet sich ein einflußreicher Mann:
»Ich, mein Herr, bin ohne Teil daran!
Ich bin kein Produkt wie dies Produkt.
Es und ich, wir haben nichts gemein;
ich bin außerhalb der Welt erzeugt,
keine Mutter hat mich je gesäugt,
künstlich trat ich in dies Dasein ein.
Ein Homunkel bin ich, weltenfern
aller wirklichen Humanität.
Und ich appelliere früh und spät:
Schützt mich vor dem Menschen, hohe Herrn!«

III. (b) Vom Steuerzahlen

Korf, wie aus Teil I schon zu entnehmen,
zahlt natürlich keine Steuern,
was genügt, ihn ringsum zu verfehmen.

Denn er mag den Staat nicht fördern,
der sich auf Gewalt der Waffen gründet.
Besserm bleibt sein Geist und Geld verbündet.

Und man würd' ihn unverwandt verhaften,
wär er nicht gefeit (wie angedeutet)
wider all dergleichen Machenschaften.

IV. Palmströms Verhaftung

Palmström weigert sich (ganz selbstverständlich)
irgendwelchen Heeresdienst zu tun.
Doch wer immer schilt dies feig und schändlich.

Denn man ist noch rings um ihn katholisch
oder protestantisch usw.
und da gilt es noch als diabolisch
einen Christenmenschen nicht zu morden,
heischen dies Gott, König, Vaterland.
Palmström ist hierauf verhaftet worden.

V. Im Gefängnis

Im Gefängnis sitzt der Brave.
Doch er sagt sich: ins Gefängnis
sollte jeder, der kein Sklave.

Alle wahrhaft freien Seelen
sollten diese ihrer einzig
werte Stätte nicht verfehlen.

Ohne Murren, ohne Zucken
sollten sich der Freien Nacken
unter der Gewalt Joch ducken.

Bis das Volk der breiten Fährte
erst durch Staunen, dann durch Denken
gleichfalls sich zur Freiheit klärte.

VI. Korfs Nahen

Korf geht mitten durch die Wachen,
die ihn pflichtbeflissen greifen,
doch sie greifen in die Leere.

Und sie stoßen die Gewehre
hin und her durch ihn, doch heiter
wandert er zu Palmström weiter.

VII. Korfs Besuch

Mit dem Wärter, der das Essen
bringt, betritt er die Kamurke,
drin sein Freund, der Schurke Palmström,
    haust.

Stotternd, stolpernd, stürzt der Wächter
fort und fabuliert von Geistern,
die er nicht zu meistern wisse …
    Man

kommt in corpore gelaufen …
Alle werfen sich auf Korfen – –
Doch umsonst geworfen! Korf ist –
    Geist …

VIII. Palms Entlassung

Es ist unmöglich, Palmström zu behalten
(obwohl er selbst am liebsten bleiben möchte);
denn Korfs Erscheinung ist nicht auszuschalten.

In zwölf Gefängnissen ist Palm gewesen ...
Doch haben überall so Direktoren
wie Untergebne den Verstand verloren.

So daß man ihn mit aufgehobnen Händen
zuletzt beschwört, sich heimwärts zu entschließen,
und ihm erlaubt, niemanden totzuschießen.

IX. Er kommt nach Hause

Er kommt nach Hause. Niemand sieht ihn an.
Man liebt sie nicht, die vom Gefängnis kommen.
»Es hängt doch eben immer etwas an.«

Wer im Gefängnis saß, dem bleibt ein Fleck.
Der Bürger draußen, von vollkommner Tugend,
er wendet instinktiv sich etwas weg.

X. Eines Tages pocht

Eines Tages pocht ein ernster Herr
an die Tür und stellt sich vor und spricht:
»Sie sind doch Herr Palmus Palmström, nicht?

Ich bin sozusagen hergeschneit
von den ernsten Männern unsrer Zeit,
insbesondere von der Schreibrichkeit.

Ich bin selber Schreibrich, wie bekannt.
Kurz und gut, wir würdigen Ihr Wesen.
Prächtig ist dies Nichtvielfederlesen.

Mutig gehn Sie stets auf alles los,
Scherz und Ernst: Sie sind in beidem groß.
Und Ihr Freund ist schlechterdings famos.

Doch just eben dies, verstehn Sie recht ...
Dieser Zwiespalt! halb sind Sie – Hanswurst –
halb von Don Quichotischem Geschlecht ...

Seien Sie doch eins von beidem ganz!
Oder teilen Sie sich, wenn Sie wollen
mit Herrn Korf in jene beiden Rollen!

Sehn Sie, wir sind da um kunstzurichten.
Ein Charakter sei so oder so.
Ihren Ernst verkennen wir mitnichten,

doch Sie nehmen hier zu viel auf sich!
Etwas bleibt an Ihnen – lächerlich!
Sehn Sie zu, wie Sie den Zwiespalt schlichten.«

XI. So beschließen denn

So beschließen denn nach sieben-
tägigem Konzil die Freunde –
Muhme Kunkel vorzuschieben.

Muhme Kunkel zwar verwahrt sich;
doch nach langem Überlegen
tritt sie vor und offenbart sich

als ein Weib von großer Güte.
»Palm«, so spricht sie, »Gott behüte,
daß ich meines Friedens wegen

euch um eure Hoffnung brächte.«
[*bricht ab*]

- - - - - - - - - - - - - - - - - - - -

Palmström kehrt zurück von einer Reise

Palmström kehrt zurück von einer Reise
aus dem noch unerforschten Ewigen Eise.
»Einmal«, so erzählt er, »war es so kalt,
daß man völlig den Verstand verlor.
Denken Sie nur, die Kälte war dergestalt,
daß sogar das siedende Wasser gefror.«

Vom Zeitunglesen

Korf trifft oft Bekannte, die voll von Sorgen
wegen der sogenannten Völkerhändel. Er rät:
»Lesen Sie doch die Zeitung von übermorgen.

Wenn die Diplomaten im Frühling raufen,
nimmt man einfach ein Blatt vom Herbst zur Hand
und ersieht daraus, wie alles abgelaufen.

Freilich pflegt man es umgekehrt zu machen,
und wo käme die ›Jetztzeit‹ denn sonst auch hin!
Doch de facto sind das nur Usus-Sachen.«

Es kommen zu Palmström heute

Es kommen zu Palmström heute
die wirklich praktischen Leute,

die wirklich auf allen zehn Zehen
im wirklichen Leben stehen.

Sie klopfen ihm auf den Rücken
und sind in sehr vielen Stücken –

so sagen sie – ganz die Seinen.
Doch wer da mit beiden Beinen

im wirklichen Leben stände,
der wüßte doch und befände,

wie viel, so gut auch der Wille,
rein idealistische Grille.

Sie schütteln besorgt die Köpfe
und drehn ihm vom Rock die Knöpfe.

Sie hoffen zu postulieren:
er wird noch einer der Ihren,

ein [Glanzstück erlesenster Sorte,]
ein B ü r g e r mit einem Worte.

Nocturno von Palmström

Das Huhn, das Huhn geht unter,
die Sonnen gehn zum Stall ...
Wer traurig oder munter,
der schläft jetzt überall.

Auf ihrer Stange schlafen
die Sonnen dicht an dicht,
dieweil das Huhn dem Hafen
der Nacht entgegensticht.

Das Huhn, das Huhn geht unter,
die Sonnen sind [im] Stall ...
Wer traurig oder munter,
der schläft jetzt überall.

Die Pastillen

Palmström geht herum mit einem Kasten
und verschenkt Pastillen gegen Husten, –
doch dieselben sind nicht einzunehmen.

Sondern, ehe man beginnt zu prusten,
muß man eine der verhaßten Pasten
in die Hand zu nehmen sich bequemen.

Zwischen Daumen dann und Zeigefinger
hält man sie als permanente Drohung –
und der Reiz im Halse wird geringer.

Nämlich, es gereicht zur mindren Frohung,
wenn die bittre Pille wird verspiesen.
Und so wird der Kitzel heimgewiesen.

For the happy few

Korfs Geruchs-Sinn ist enorm.
Doch der Nebenwelt gebricht's –
und ihr Wort: »Wir riechen nichts«
bringt ihn oft aus aller Form.

Und er schreibt wie Stendhal Beyle
stumm in sein Notizbuch ein:
Einst, nach überlanger Weile,
wird mein Werk gerochen sein.

Korf erfindet eine Mittagszeitung

Korf erfindet eine Mittagszeitung,
welche, wenn man sie gelesen hat,
ist man satt.
Ganz ohne Zubereitung
irgendeiner andern Speise.
Jeder auch nur etwas Weise
hält das Blatt.

Korf zu Taten zu befeuern

Korf zu Taten zu befeuern,
redet man ihm allerhand
von Münchhausens Abenteuern.

Dies versetzt v. Korf in Brand,
und er geht nach einem Sumpf
und verläßt das feste Land.

Mit den Füßen, mit dem Rumpf
sinkt er unter; nur der Kopf
ragt noch samt des Schopfes Stumpf.

Doch, wenn man ihn recht versteht,
weiß man, daß er nimmermehr
in dem Sumpf zugrunde geht.

Denn, wie man schon oft erfuhr,
ist v. Korf kein Mensch wie wir,
ist ein Mensch pro forma nur.

Und so zieht er sich als Geist,
der er ist, aus Sumpf und Moor
wieder unters Volk empor.

Niemand sieht den Geist natürlich,
sondern hält ihn für figürlich,
doch die Tatsache beweist.

Und v. Korf erklärt: Münchhausen
tat vermutlich auch nicht flausen.
Doch ihn hörten nur Banausen.

Die Waage

Korfen glückt die Konstruierung einer
musikalischen Personenwaage,
Pfund für Pfund mit Glockenspielansage.

Jeder Leib wird durch sein Lied bestimmt;
selbst der kleinste Mensch, anitzt geboren,
silbergongig seine Last vernimmt.

Nur v. Korf entfesselt keine Weise,
als (man weiß) nichtexistent im Sinn
abwägbarer bürgerlicher Kreise.

Korf in Berlin

Korf – man kennt ihn wohl genügend –
Korf begibt sich nach Berlin,
einem Zug der Zeit sich fügend.

In Berlin empfängt man ihn …
Zwar erblickt man ihn nicht leiblich,
denn, wie ja schon dargeziehn,

ist er weder männ- noch weiblich,
sondern schlechterdings ein Geist,
dessen Nichtsehn unausbleiblich.

Korf erfindet eine Zimmerluft

Korf erfindet eine Zimmerluft,
die so korpulent, daß jeder
Gegenstand drin stecken bleibt.

Etwa wenn er mit dem Feder-
halter grade nicht mehr schreibt,
weil die Dienstmagd an die Türe pufft –

gibt er kurzweg ihm ein Alibi –
mitten in der Luft entweder
oder sonstwo in ihr, gleichviel wo und wie.

Im Winterkurort

Um das Frösteln der Spatzen abzuschaffen
gründet Palmström eine Mäntelfabrik.
Diese liefert den p.p. Spatzen Waffen

wider den Frost in Form von Ulstern, Pelzen
u.s.w. Man sieht sie zur Kurmusik
auf den Promenaden behäbig stelzen.

L'art pour l'art

Das Schwirren eines aufgeschreckten Sperlings
begeistert Korf zu einem Kunstgebilde,
das nur aus Blicken, Mienen und Gebärden
besteht. Man kommt mit Apparaten,
es aufzunehmen; doch v. Korf »entsinnt sich
des Werks nicht mehr«, entsinnt sich keines Werks mehr
anläßlich eines »aufgeregten Sperlings«.

Der fromme Riese

Korf lernt einen Riesen kennen,
dessen Frau ihm alles in den Mund gibt,
was sie nicht mag.

Nacht und Tag,
wenn sie ihm solchen Willen kundgibt,
sieht man ihn seine Lippen geduldig trennen

und vorsichtig hinter sein Zahngehege
alles schieben, was seiner Frau im Wege.

Und es ist ihr viel im Wege, der Frau.
Ganz unmöglich wäre, zu sagen genau,

was von Mücke bis Mammut gewissermaßen
ihr mißfällt. Man findet da ganze Straßen,
ganze Städte voll Menschen, man findet Gärten,

Flüsse, Berge neben Perücken, Bärten,
Stöcken, Tellern, Kleidern; mit einem Worte:
eine Welt versammelt sich an gedachtem Orte.

Auch v. Korf mißfällt und wird von dem frommen
Riesengatten still in den Mund genommen.

Und nur, weil er ein »Geist«, wie schon beschrieben,
ist er nicht in diesem Konvikt verblieben.

Palmström wünscht sich manchmal aufzulösen

Palmström wünscht sich manchmal aufzulösen,
wie ein Salz in einem Glase Wasser,
so nach Sonnenuntergang besonders.

Möchte ruhen so bis Sonnenaufgang
und dann wieder aus dem Wasser steigen –
Venus-Palmström-Anadyomene ...

Der Weltkurort

Palmström gründet einen Weltkurort.
Mitten auf der schönsten Bergeskrone
schafft er eine windgefeite Zone
für die Kur sowohl wie für den Sport.

Nämlich eine Riesenzentrifuge,
innerhalb von welcher das Hotel,
schlägt den stärksten Sturmwind ab im Fluge
und zurück zu seinem Ursprungsquell.

Unerreicht vom bitterbösen Nord,
unerreicht vom bitterbösen Föhne,
blüht der neue Platz in stiller Schöne,
und zumal im Winter ist man dort.

Bilder, die man aufhängt umgekehrt

Bilder, die man aufhängt umgekehrt,
mit dem Kopf nach unten, Fuß nach oben,
ändern oft verwunderlich den Wert,
weil ins Reich der Phantasie erhoben.

Palmström, dem schon frühe solches kund,
füllt [dergleichlich] eines Zimmers Wände
und als Maler großer Gegenstände
macht er dort begeistert Fund auf Fund.

Als wie ein Zweig im Wind

Palmström schwankt als wie ein Zweig im Wind ...
Als ihn Korf befragt, warum er schwanke,
meint er: weil ein lieblicher Gedanke,
wie ein Vogel, zärtlich und geschwind,
ein kleines ihn belastet habe –
schwanke er als wie ein Zweig im Wind,
schwingend noch von der willkommnen Gabe.

Palmström an eine Nachtigall, die ihn nicht schlafen ließ

Möchtest du dich nicht in einen Fisch verwandeln
und gesanglich dementsprechend handeln,
        da es sonst unmöglich ist,
daß mir unternachts des Schlafes Labe
blüht, die ich nun doch notwendig habe!
        Tu es, wenn du edel bist!

Deine Frau im Nest wird dich auch so bewundern,
wenn du gänzlich in der Art der Flundern
        auftrittst und im Wipfel wohlig ruhst,

oder, eine fliegende Makrele
sie umflatterst, holde Philomele,
   (– die du mir gewiß die Liebe tust!)

Palmström lobt das schlechte Wetter sehr

Palmström lobt das schlechte Wetter sehr,
denn dann ist auf Erden viel mehr Ruhe;
ganz von selbst beschränkt sich das Getue,
und der Mensch geht würdiger einher.

Schon allein des Schirmes kleiner Himmel
wirkt symbolisch auf des Menschen Kern,
denn der wirkliche ist dem Gewimmel,
ach nicht ihm nur, leider noch recht fern.

Durch die Gassen oder im Gefilde
wandert Palmström, wenn die Wolke fällt,
und erfreut sich an dem Menschenbilde,
das sich kosmo-logischer verhält.

Ein Publikum

Ein Publikum in [Oberhagen],
nachdem es lang geblieben stumm,
befand sich, als die Zeit erschienen,
als »palmström-reifes« Publikum.

Womit gemeint war, daß ein jeder,
zumal betreffs Philosophei,
im ganzen Oder und Entweder
der Sache wie zu Hause sei.

Als Palms Erzeuger dies vernommen,
[hat er als Wort anheimgestellt:]
»Damit die Kindlein zu ihm kommen,
denn ihrer ist auch diese [Welt]«.

Der heilsame Gaul

Palmström führt ein Polizeipferd vor.
Dieses wackelt mehrmals mit dem Ohr
und berechnet den ertappten Tropfen
logarythmisch und auf Malz und Hopfen.

Niemand wagt von nun an einen Streich:
denn der Gaul berechnet ihn sogleich.
Offensichtlich strahlt durch ihn das ganze
Land in wachsendem Gesittungsglanze.

Fest der Multimillionäre

Neuyorker Multimillionäre haben
in Rom entfaltet ihre großen Gaben.

Man speist zunächst das obligate Fleisch
im Urwald und bei Papageigekreisch.

Doch erst beim Obst wird von dressierten Affen
der eigentliche Clou des Fests geschaffen.

Die Affen holen aus der Bäume Kronen
Bananen, Kokosnüsse und Melonen

und präsentieren sie (man grault sich fast)
den hochgebornen Römern, die zu Gast.

Doch Jubelrufen weicht der kurze Graus,
denn jede Frucht ist Schale nur und Haus

von goldnen Uhren, Zigarettendosen,
Manschettenknöpfen, kurz, den schönsten Chosen.

Auch Palmström ist bei diesem Fest und er
empfängt in einer Nuß ein Necessaire.

MUHME KUNKEL, LORUS UND ZÄZILIE

MUHME KUNKEL

Rolf und Lulu

Palmströms Muhme geht voraus,
wo's ein Tier zu schützen gilt.
Tapfer hält sie ihren Schild
vor die kleinste Ackermaus.

Ihre Dienstmagd Lulu Hammer,
welche Fleisch freut wie ein Wolf
sperrt sie, samt dem Kälblein Rolf
eines Tags in ihre Kammer.

Legt ein Beilchen ihr parat,
spricht: Wofern dir Fleisch so not
schlag denn auch dies Fleisch selbst tot, –
oder aber iß Salat.

Lulu, ganz in sich verwandelt
fühlt, wie grauslich ihre Gier,
bittet ab dem Bruder Tier.
Ja, noch mehr, sie hat gehandelt

wie sonst nur der Helden Weise:
Nämlich gab, fürwahr, sie tat es,
Rolf die Köpfe des Salates
und verblieb selbst ohne Speise.

Schließlich ruft sie nach der Muhme …
Rolf und Lulu gehn heraus …
Und sie lebt seitdem im Haus,
reinerer Moral zum Ruhme.

Exlibris

Ein Anonymus aus Tibris
sendet Palman ein Exlibris.

Auf demselben sieht man nichts,
als den weißen Strahl des Lichts.

Nicht ein Strichlein ist vorhanden.
Palma fühlt sich warm verstanden.

Und sie klebt die Blättlein rein
allenthalben dankbar ein.

Palmas Mutter

Palmas Mutter sprach einst still und schlicht:
Nahst du Frauen, vergiß die Geißel nicht.

Und der Philosoph, vom Weib gequält,
hat der Welt dies blinden Munds erzählt.

Doch, man muß ein altes Weib verstehn:
»Nimm das Ding mit!« sprach sie. »Doch – für wen?

Für die Frauen, meinst du. Immerhin
birgt mein Rat noch einen zweiten Sinn.

Hängst du dieser zweiten Wahrheit nach.
wird dir tiefer aufgehn, was ich sprach.«

Palmas Mutter, manchem zum Verdruß,
gab nie einen Rat, der keine Nuß.

Palma Kunkeln naht die Frage

Palma Kunkeln naht die Frage,
was zum Kriegsproblem sie sage.

Längst im Innersten entschieden,
wünscht sie allen Menschen Frieden.

(Zwar zum Unterschied von vielen
freilich nur: mit großen Zielen.)

Doch sie weiß zugleich: auf Erden
sind die Menschen erst im Werden.

Ringsum ungeheure Horden
wollen noch das große Morden,

sind noch ganz durchleidenschaftet,
noch vom G e i s t zu schwach durchkraftet,

müssen erst noch lange reifen,
eh sie Gott und sich begreifen.

I Das Forsthaus

Palma Kunkel ist häufig zum Kuraufenthalt
in einem einsamen Forsthaus weit hinten im Wald,
von wo ein Brief so befördert wird,
daß ihn, wer gerade Zeit hat, ein Knecht oder Hirt
dem Wild des angrenzenden Jagdrevieres
um Hals oder Bein hängt … worauf in des Tieres
erfolgender Schußzeit er, wenn auch oft spät,
auf ein Postamt und von dort an seine Adresse gerät.
So das Wild, wie die Nachbarn sind stolz auf die Ehre.
Und man weiß keinen Fall, daß ein Brief je
verloren gegangen wäre.

110

II Zehn Jahre später

Dies war so geschrieben, vor manch einem Jahr.
Doch heute, da ist es insofern nicht mehr wahr,
als – zuerst war's ein Kauz, der drauf kam,
die Sache dahin in Erwägung er nahm:
daß, wenn man direkt die postalische Bürde
besorgte, der Abschuß erspart werden würde.
Er ist damals gleich nach dem Postamt geflogen
und wurde als »Briefkauz« auf einem großen Bogen
vermerkt und der Hirsch und der Has hinterher,
und schließlich waren die Jagdgründe leer.
Denn natürlich hatte das ganze Wild nun
nur noch zwischen Forsthaus und Reichspost zu tun,
und kam es dabei auch durchs alte Revier,
war es jetzt doch als »Brief-Wild« geschütztes Getier.

Lorus

Lorus, im Verlaufe seines Strebens

Lorus, im Verlaufe seines Strebens,
trifft den ersten Kater seines Lebens.

Dieser krümmt, traditioneller Weis'
seinen Rücken fürchterlich zum Kreis.

Lorus spricht mit unerschrockner Zärte:
»Pax vobiscum, freundlicher Gefährte!«

Welches Wort von »Lore« er gelernt
und womit er vielen Groll entfernt.

Auch der Kater, sichtbarlich betroffen,
läßt auf bessere Beziehung hoffen.

Lorus, anerkannt als Phänomen

Lorus, anerkannt als Phänomen,
soll um jeden Preis als – Kriegshund gehn.

Lange überlegt er hin und her,
denn der Fall ist ungewöhnlich schwer.

Gerne will sein Herz den Menschen dienen,
doch der Feind gehört wohl auch zu ihnen.

Und er ist, obschon ein Hund mit Bart,
doch kein Richter über Menschenart.

Schließlich, sich mit keinem zu verqueren,
läßt er sich den Bart von Palmström scheren

und erlaubt sich, ihn zum Angedenken
halb dem Freund und halb dem Feind zu schenken.

Bartlos geht er so, doch kaum als Tor,
aus dem schwierigen Konflikt hervor.

ZÄZILIE

Das erste, des Zäzilie beflissen

Das erste, des Zäzilie beflissen,
ist dies: sie nimmt von Tisch und Stuhl die Bücher
und legt sie Stück auf Stück, wie Taschentücher,
jeweils nach bestem Wissen und Gewissen.

Desgleichen ordnet sie die Schreibereien,
die Hefte, Mappen, Bleis und Gänsekiele,
vor Augen mir das eine Ziel der Ziele,
dem Genius Ordnung das Gemach zu weihen.

Denn Sauberkeit ist nicht zwar ihre Stärke,
doch Ordnung, Ordnung ist ihr eingeboren.
Ein Scheuerweib ist nicht an ihr verloren,
dafür ist Symmetrie in ihrem Werke.

Gegensätze

Zäzilie wird von ›Lore‹ nicht geliebt,
was manchen ernsten Zwischenfall ergibt.
Denn diese spürt in Gegenwart der Dirne
zu stark den krassen Gegensatz der Hirne.

Man trifft vielleicht das Rechte, wenn man sagt:
Das ganze Leben dieser guten Magd
mag kaum so viel in puncto Scharfsinn taugen
als ein Kalkül aus ›Lores‹ grauen Augen.

Doch Lorus ist Zäzilien wohlgesinnt.
Er tröstet insgeheim das arme Kind
und wischt zuweilen, ihr zur Kräfteschonung,
mit seinem Wedel Staub in Palmströms Wohnung.

Parodien und
Dichterische Spiele

Parodien

Moderne Romantik

I

Am Kirchhof stehn drei Kreuze.
Des Posthorns Peitsche knallt.
Im Walde schrein drei Käuze.
O wie bald! O wie bald! O wie bald!

Verzeiht mir, wenn ich mich schneuze,
denk an den Kirchhof ich
und die Peitsch' und die Käuz' und die Kreuze
und den Wald und das Posthorn und mich.

II

Kecker Bursche zog ich aus,
Frühlingsstorm im jungen Schädel.
Nun ade, du Vaterhaus!
Heißa, blondes Mädel!

In die Welt zog Jahr um Jahr …
Aus ist meine Rolle …
Welkes Gartenlaub im Haar
sitz ich da und schmolle.

Und meine Seele stand

Und meine Seele stand vor steilen Bergen
und hatte sehr zu tun mit ihrem Kerne;
denn aus ihm sproßte wie aus weiter Ferne
ein ganzer Haufe von sehr großen Zwergen –

die regungslose rote Augensterne
auf sie hinhefteten ... Da kam der Ferge
und warf den schwersten seiner schwere Särge
auf mich, daß ich sehr tiefe Schmerze lerne.

Und Wölfe saßen rings um die Zisterne ...
Und eine Stille ging als wie ein Scherge ...
Und ich erwachte dumpf in der – Taberne.

Aus Lametta vom Christbaum der siebenten Erleuchtung

X
(Von einem Adepten)

Ich wünschte daß ihr jene pfade trätet
Auf denen unsre antilopen-süchte
Den myrrhenduft berauschenderer früchte
Genossen als um die ihr glücklich bätet –

daß weid und pappel ihres matten silbers
Entwohnten zierrat euch zu knien schütte
Indes zum tempelhof des weltvergilbers
Die knaben wallen wein in buchner bütte.

Dann würden eure wunden durch die gitter
Der allzustrengen schergen röter bluten
Und eure Seelen auf dem hochgeschuhten
Kothurn des engels nahn dem kranz der ritter.

Ein Gesang Walt Whitmans

Ich sitze, den Blick auf meine Weltkarte gerichtet. Ich besin-
ge das
Weltmeer, die Mutter der Erde.

Schwärzlich türmt es sich auf, fürchterlich brüllt es einher, wie ein fließendes Gebirge, unberechenbar, schrecklich, ein Spiel der Stürme.

Blau liegt es da, wie eine Verheißung vielfältigen Glücks.

Weltteile, völkertragende, steigen aus seinem Schaum empor.

Fünf, sechs Venusse tauchen aus ihm empor, ungeheure, liebes- und lebensdurstige nach der Sonne verlangende und den Küssen

der tausend Myriaden Sterne.

Asia, die unergründliche, den Kamm des Himalaya im Haar, an der Brust die Rose von Schiras, ihr Herz Indien, die Mutter der Menschen.

Europa, die blasse, bewegliche, den Kopf voller Träume und Launen,

die Französin unter den Fünfen, die Aristokratin, die Freundin der Wahrheit, die Mutter der Kunst.

Afrika, die riesige gelbe Kuh, faul in allzuviel Sonne lagernd, der Pyramiden unfruchtbare Brüste starrend im heißen Samum, mit der schwarzen üppigen Flechte des Nils.

Amerika, die jugendlichste, unreifste, mit den vierundvierzig Herzkammern und noch keiner rechten Seele, begehrlich, erfinderisch,

voll übersprudelnder Kraft, weltklug mit überlegenen

Allüren, Demokratin (bis auf weiteres), nur des richtigen Mannes

bedürftig, um vielleicht einst die Erste der Fünfe zu werden.

Australia, die Blutarme, umgeben von pausbäckigen Amoretten.

Grönland, die Venus der Eisbären,

ihr Herz Island mit den heißen Quellen der Sagen.

Sechsfach öffnet sich so der unendliche Meeresschoß, sechsmal birst so die tiefblaue wallende Decke, – und auftauchen die sechs beherrschenden Göttinnen, liebes- und lebensdurstig, nach der Sonne verlangende und den Küssen der tausend Myriaden Sterne.

Noch ein Gesang Walt Whitmans

(Frater peccavi)

Ich singe den Gesang meines Zimmers.
Ich singe den Gesang meiner Tapete, meines Plafonds, meines Fußbodens, meiner Türen, meiner Fenster, meiner Umzimmer, Unter- und Überzimmer.
Ich singe die Lampe, die aus dem Zentrum herabhängt.
Ich singe den Ofen in der Ecke, breitspurig, hervortretend, seine Verzierung auf der Brust.
Ich singe die drei andern Ecken leer oder gefüllt mit Schränken, Büsten, Wandbrettern, rechtwinklig laufend nach rechts oder links.
Ich singe den Teppich, den Tisch und die Stühle. Waagrecht liegt er am Boden. Senkrecht setzen sie ihre Beine auf seine Fläche.
Ich singe die Bilder und Karten an der einen Wand. Jedes nach seiner Weise.
Ich singe die Bilder und Spiegel an der andern Wand. Ein jedes auf seine Weise.
Den Schreibtisch besinge ich und seine Bücher, Blätter, Federn, Gestelle, Uhren, Schiebladen, Schlösser, Tintenfaß, Löschapparat, Briefauftrenner, Kuverts, große und kleine, den silbernen Trinkbecher, das Kalenderbuch, das Petschaft, die blaue Schachtel mit dem unzerbrechlichen Bleistift Kohi-noor.
Ich singe den Pendel der großen Uhr, wenn er hin- und herschwankt.
Ich singe die Gardinen, weiß, mit den Mustern der Fabriken, durchbrochen, fallend nach links und rechts.
Ich singe den messingenen Fenstergriff, blank, sauber. Das Mädchen putzt ihn jeden Morgen. Das flinke, gemietete Mädchen aus Ruppin, im Norden der Mark.
Tretet herein, Freunde!
Hier ist mein Zimmer!

Sauerstoff, Stickstoff, Licht, Wärme, Luftdruck (doch nur so viel wie gerade recht), weiche Kissen oder ein Divan (denn ihr könntet müde geworden sein), ein Apfel, eine Birne, beides aus Borsdorf, in einer Kiste geschickt, Stroh, Papier herum von fürsorglichen Händen.
Oder wenn ihr Wein wollt?
Herein tritt der Kaufmann, zwei Stock tiefer. Er sieht sich um.
Höflich zieht er den Hut. Er fragt mit lauter Stimme.
Er nennt uns seine Weine:
Den Zeltinger, den Brauneberger, den Nierensteiner, den Rauenthaler, den Rauenthaler Berg, den Rüdesheimer, den Geisenheimer, den St. Julien, den Medoc, den Pontet Canet, den Marcobrunner, den Kaisersekt, die Veuve Cliquot, den Pomery Greno, den Heidsick Monopol.
Wählt meine Freunde. Laßt ihn bringen, was er hat. Mein Zimmer ist groß genug dazu.
Mein Zimmer ist nicht nur mein Zimmer. Mein Zimmer ist die Welt, the world, orbis pictus.
Hört mich an, Ihr Zimmerbewohner aller fünf Weltteile!
Große Zimmergenossenschaft der Demokratie!
Camerados!
Singt mit mir den Zimmergesang, den millionenhaften!
Singt mit mir den Zimmergesang der Demokratie!

Was spricht die Nacht

Was spricht die Nacht,
wenn sie erwacht?
Sie spricht auf weiß
»Es dämmert leis!«
Und all die Sphinx-
Geburten rings
singen nach rechts und links:
O daß das neue Licht uns träfe
grad auf die Schläfe!

Was spricht die Nacht,
wenn sie erwacht?
Sie spricht auf blau:
»Jetzt kommt der Tau!«
Und all die Sphinx-
Geburten rings
singen nach rechts und links:
O daß das neue Licht uns träfe
grad auf die Schläfe!

Was spricht die Nacht,
wenn sie erwacht?
Sie spricht auf rot:
»Nun bin ich tot!«
Und all die Sphinx-
Geburten rings
singen nach rechts und links:
O daß das neue Licht uns träfe
grad auf die Schläfe!

Blutnächte XIII

Mein hohler Zahn
sitzt vor dem Fenster
und nachtschluchzt
irrschluchzt vom Vergessen
der blauen Lippe
im Silberkahn
gotthin
erdweg
güldla
glitt sein Kuß
kehlab
seelein
Heiligmond

warf Honigschein
in der Pusztakoppelkuppel
meiner Hirnrinde
tanzten sieben todrotsündige Stirnwinde
den Ringelklingelkringelschlingelreihn.

Im Bad

(Frei nach einem Lustspieldichter)

Sprach sie: O lieber Mann, der Tag
dünkt mich ein rechter Wandertag.

Sprach ich: O liebe Frau, der Tag
dünkt mich vielmehr ein Plaudertag.

So ländlich-tändlich scherzten wir,
bis wir uns endlich herzten schier.

Und unsrer Wonnen bunter Gang
schloss erst mit Sonnenuntergang,

wo uns ein Schwarm besuchen kam,
empfangen kaffeekuchensam;

worauf, gelöst, des Tages X
verschied als – Donnerstag – jour fixe.

DICHTERISCHE SPIELE

Der Dichter

Ein lang Gewand strengwallender Terzinen,
des blauer Saum die Erde fast berührte,
umfloß den Dichter, wie er mir erschienen.

Die edlen Füße staken in Sonetten,
indes das Band, das ihm die Stirne schnürte,
aus Epigrammen war, gleich goldnen Bienen,
die sich im Mondschein aneinanderketten.

So schritt er sanft und schürzte sein Ghasel,
gelassen, gleich dem stolzen Beduinen.
Ich barg mein Haupt am Rhythmus der Terzinen.
Fern graste der Gewöhnlichkeit Kamel.

Aus dem Nachlasse eines teutschen Tichters

Barmherzige Wolken,
ihr sättigt den armen,
enterbten Dichter
mit immer neuen
reizvollen Speisen!
Ihr wölbt euch zu Früchten
und dehnt euch zu Broten;
Fische und Vögel
gaukelt ihr gern ihm vor.
Fleht seine Lippe
durstig zum Himmel,
öffnen sich flugs
eure Tränensäcke –
und dankbar leckt er

vom hängenden Schnurrbart
die reichlichen Tropfen.
Was weiß der Laie,
der stoffgebundne,
vom Mahl des Poeten?
Pack dein Kaufgeld
und troll dich fort,
o edler Mitmensch!
Luft und Wasser
waren noch stets
unsre Köche!
Welcher Dichter
nährte sich je
von irdischer Atzung?

Am Quell der Euterpe

Im Gemurmel der Reime
kommen herangefleußt
Blüten voll Seime,
die der Ruhende gern geneußt,

der den tänzelnden Wellchen
sie abfängt auf ihrer Reis'
und aus solchen Kelchen
zu saugen weiß.

Etude

(X'scher Bau mit Y'scher Schlußwendung)

Ich spreche oft von Blumen, welche
mir ihre wollustdunklen Kelche
zu Festen ohne Ende reichten,
die ich in den sehr wenig seichten

Stunden, die mir das Herz erweichten,
austrank und in den mondgebleichten
Nächten, da ich dich fand am Quellche.

Vom neuen Weibe

(Rhapsodie)

Und weiße Pröbste
gingen auf den Wiesen
und
aßen Obste,
die sie bald vergaßen,
vom tauben Mund
der Dinge, welche beim
Ersprießen
fließen,
als wie solche Trauben,
die, wenn sie reifen,
den sehr tiefen Reim
auf Rauben
wie zum Greifen
uns erlauben; –
und Nächte brachen auf –
wie Wunden zum
Belasten fahler Tode
Verse sprechen
und stumm
den Star der Weltpagode
stechen –
indem
ein wundes Lächeln
durch die Silben
der irren Tröste
in die Wüste sehnte,

als dehnte
im Vergilben
sich erlöste
Verwirrung nach dem Lehm,
den Rosen fächeln …

Rondel

Wie eine Hummel brummt mein Geist
sein Reich voll Unrast hin und her;
die Blüten lassen heut ihn leer,
so viel' er hungrig auch umkreist.

Denn kaum erfüllt ihn ein Begehr –
als ihm ein andres dies verweist!
Wie eine Hummel brummt mein Geist
sein Reich heut rastlos hin und her.

»Wenn also strenge Reihn du reihst«,
dozierst du, »ist dein Herz nicht schwer!«
Du bist ein Esel, wer du seist!
Heut komm' mir keiner in die Quer!
Wie eine Hummel brummt mein Geist.

Wir sind zu sehr geneigt

Wir sind zu sehr geneigt, uns zu verzwieseln,
     wir wollen lieber wie ein Regen tröpfeln,
     als, stromgleich von Felsköpfeln zu Felsköpfeln
uns werfend, ganze Bergstock' kühn verkieseln.

Was hilft's, vom Himmel selbst herabzurieseln
     auf ganzer Länder tausendfaches Köpfeln; –
     es ist ein Schaffen wie mit Spitzen-Klöpfeln,
es ist kein Rauschen, nur ein schnödes Nieseln.

Wie anders doch, gleich bajuvarschen Hieseln,
    die ganze Welt mit fester Faust zu schöpfeln,
die letzten dicken Wämser aufzuknöpfeln,

    die bestverfilzten Zöpfe aufzudrieseln,
ein Wildstrom kommen allen Kleistertöpfeln –
    und so um ew'gen Ruhm mit Glück zu mieseln.

Aus den Blättern für Heimatkunde –
Der Lyriker von Buxtehude

(nach einer heimatlichen Sage)

Es war einmal ein Ritter
in einem tiefen Wald;
der liebte süß und bitter
die liebliche Gestalt
der frommen keuschen Maged
Aurora von Brabant
und hat ihr auch gesaget,
wie sehr er ihr entbrannt.

O Ritter, kühner Ritter mein,
wie pocht mein Herz dir zu!
Auch ich bin solch ein Blümelein
im Heimatwald wie du.
Auch ich ein Buxtehude
und innig zugetan
der frommen keuschen Trude
von der Kuxhafener Bahn.

Man hat dieses Gedicht eines unserer liebsten und kerndeutschen
Mitarbeiter angefochten. Ich mache mir das Vergnügen, es auf seinen
Gehalt hin zu prüfen und auseinanderzulegen:

[Fragment]

Es war einmal: Kerndeutsche Wendung. Das deutsche Märchen, die deutsche Sage, sie alle beginnen mit diesen schlichten echtdeutschen Worten.

Ein Ritter: Die Romantiker, das Mittelalter, die Butzenscheibe, das Gretchen, Dürer, Baumbach, der Tod steigen auf …

In einem tiefen Wald: Mystische Note. Symbolisch für Mensch und Gott.

Der Mensch wandert in Gott umher wie in einem tiefen deutschen Wald. Die drei nächsten Zeilen ergeben das Bild Auroras in dreifacher:

    1. in äußerlicher

    2. in innerlicher

    3. in gesellschaftlicher

Beziehung. Meisterhaft!

Gesaget: In seiner hohen Einfachheit der Einbildungskraft den weitesten Spielraum lassend.

GALGENLIEDER

Dem Kinde im Manne

»Im ächten Manne ist ein Kind versteckt:
das will spielen.«
Nietzsche.

Laß die Moleküle rasen

Laß die Moleküle rasen,
was sie auch zusammenknobeln!
laß das Tüfteln, laß das Hobeln,
heilig halte die Ekstasen.

Bundeslied der Galgenbrüder

O schauerliche Lebenswirrn,
wir hängen hier am roten Zwirn!
Die Unke unkt, die Spinne spinnt,
und schiefe Scheitel kämmt der Wind.

O Greule, Greule, wüste Greule!
Du bist verflucht! so sagt die Eule.
Der Sterne Licht am Mond zerbricht.
Doch dich zerbrach's noch immer nicht.

O Greule, Greule, wüste Greule!
Hört ihr den Ruf der Silbergäule?
Es schreit der Kauz: pardauz! pardauz!
da taut's, da graut's, da braut's, da blaut's!

Galgenbruders Lied an Sophie, die Henkersmaid

Sophie, mein Henkersmädel,
komm, küsse mir den Schädel!
Zwar ist mein Mund
ein schwarzer Schlund –
doch du bist gut und edel!

Sophie, mein Henkersmädel,
komm, streichle mir den Schädel!
Zwar ist mein Haupt
des Haars beraubt –
doch du bist gut und edel!

Sophie, mein Henkermädel,
komm, schau mir in den Schädel!
Die Augen zwar,
sie fraß der Aar –
doch du bist gut und edel!

Nein!

Pfeift der Sturm?
Keift ein Wurm?
Heulen
Eulen
hoch vom Turm?

Nein!

Es ist des Galgenstrickes
dickes
Ende, welches ächzte,
gleich als ob
im Galopp

eine müdgehetzte Mähre
nach dem nächsten Brunnen lechzte
(der vielleicht noch ferne wäre).

Das Gebet

Die Rehlein beten zur Nacht,
hab acht!

Halb neun!

Halb zehn!

Halb elf!

Halb zwölf!

Zwölf!

Die Rehlein beten zur Nacht,
hab acht!
Sie falten die kleinen Zehlein,
die Rehlein.

Das große Lalulā

Kroklokwafzi? Seṁememi!

Seiokrontro – prafriplo:

Bifzi, bafzi; hulalemi:

quasti basti bo …
Lalu lalu lalu lalu la!

Hontraruru miromente
zasku zes rü rü?
Entepente, leiolente
klekwapufzi lü?
Lalu lalu lalu lalu la!

Simarar kos malzipempu
silzuzankunkrei (;)!
Marj omar dos: Quempu Lempu
Siri Suri Sei []!
Lalu lalu lalu lalu la!

Der Zwölf-Elf

Der Zwölf-Elf hebt die linke Hand:
Da schlägt es Mitternacht im Land.

Es lauscht der Teich mit offnem Mund.
Ganz leise heult der Schluchtenhund.

Die Dommel reckt sich auf im Rohr.
Der Moosfrosch lugt aus seinem Moor.

Der Schneck horcht auf in seinem Haus.
Desgleichen die Kartoffelmaus.

Das Irrlicht selbst macht Halt und Rast
auf einem windgebrochnen Ast.

Sophie, die Maid, hat ein Gesicht:
Das Mondschaf geht zum Hochgericht.

Die Galgenbrüder wehn im Wind.
Im fernen Dorfe schreit ein Kind.

Zwei Maulwurf küssen sich zur Stund
als Neuvermählte auf den Mund.

Hingegen tief im finstern Wald
ein Nachtmahr seine Fäuste ballt:

Dieweil ein später Wanderstrumpf
sich nicht verlief in Teich und Sumpf.

Der Rabe Ralf ruft schaurig: »Kra!
Das End ist da! Das End ist da!«

Der Zwölf-Elf senkt die linke Hand:
Und wieder schläft das ganze Land.

Das Mondschaf

Das Mondschaf steht auf weiter Flur.
Es harrt und harrt der großen Schur.
    Das Mondschaf.

Das Mondschaf rupft sich einen Halm
und geht dann heim auf seine Alm.
    Das Mondschaf.

Das Mondschaf spricht zu sich im Traum:
»Ich bin des Weltalls dunkler Raum.«
    Das Mondschaf.

Das Mondschaf liegt am Morgen tot.
Sein Leib ist weiß, die Sonn' ist rot.
    Das Mondschaf.

Lunovis

Lunovis in planitie stat
Cultrumque magn' expectitat.
    Lunovis.

Lunovis herba rapta it
In montes, unde cucurrit.
    Lunovis.

Lunovis habet somnium:
Se culmen rer' ess' omnium.
    Lunovis.

Lunovis mane mortuumst.
Sol ruber atque ips' albumst.
    Lunovis.

Der Rabe Ralf

Der Rabe Ralf
    will will hu hu
dem niemand half
    still still du du
half sich allein
am Rabenstein
    will will still still
        hu hu

Die Nebelfrau
    will will hu hu
nimmt's nicht genau
    still still du du
sie sagt nimm nimm
's ist nicht so schlimm
    will will still still
        hu hu

Doch als ein Jahr
    will will hu hu
vergangen war
    still still du du
da lag im Rot
der Rabe tot
    will will still still
        du du

Fisches Nachtgesang

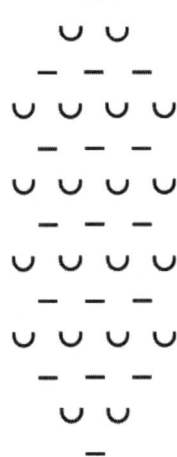

Galgenbruders Frühlingslied

Es lenzet auch auf unserm Spahn,
o selige Epoche!
Ein Hälmlein will zum Lichte nahn
aus einem Astwurmloche.

Es schaukelt bald im Winde hin
und schaukelt bald drin her.
Mir ist beinah, ich wäre wer,
der ich doch nicht mehr bin …

Das Hemmed

Kennst du das einsame Hemmed?
Flattertata, flattertata.

Der 's trug, ist baß verdämmet!
Flattertata, flattertata.

Es knattert und rattert im Winde.
Windurudei, windurudei.

Es weint wie ein kleines Kinde.
Windurudei, windurudei.

Das ist das einsame
Hemmed.

Das Problem

Der Zwölf-Elf kam auf sein Problem
und sprach: Ich heiße unbequem.
Als hieß' ich etwa Drei-Vier
statt Sieben – Gott verzeih mir!

Und siehe da, der Zwölf-Elf nannt' sich
von jenem Tag ab Dreiundzwanzig.

Die Trichter

Zwei Trichter wandeln durch die Nacht.
Durch ihres Rumpfs verengten Schacht
fließt weißes Mondlicht
still und heiter
auf ihren
Waldweg
u.s.
w.

Der Tanz

Ein Vierviertelschwein und eine Auftakteule
trafen sich im Schatten einer Säule,
die im Geiste ihres Schöpfers stand.
Und zum Spiel der Fiedelbogenpflanze
reichten sich die zwei zum Tanze
Fuß und Hand.

Und auf seinen dreien rosa Beinen
hüpfte das Vierviertelschwein graziös,
und die Auftakteul' auf ihrem einen
wiegte rhythmisch ihr Gekrös.
Und der Schatten fiel,
und der Pflanze Spiel
klang verwirrend melodiös.

Doch des Schöpfers Hirn war nicht von Eisen,
und die Säule schwand, wie sie gekommen war;
und so mußte denn auch unser Paar
wieder in sein Nichts zurücke reisen.
Einen letzten Strich
tat der Geigerich –
und dann war nichts weiter zu beweisen.

Das Knie

Ein Knie geht einsam durch die Welt.
Es ist ein Knie, sonst nichts!
Es ist kein Baum! Es ist kein Zelt!
Es ist ein Knie, sonst nichts.

Im Kriege ward einmal ein Mann
erschossen um und um.
Das Knie allein blieb unverletzt –
als wär's ein Heiligtum.

Seitdem geht's einsam durch die Welt.
Es ist ein Knie, sonst nichts.
Es ist kein Baum, es ist kein Zelt.
Es ist ein Knie, sonst nichts.

Der Seufzer

Ein Seufzer lief Schlittschuh auf nächtlichem Eis
        und träumte von Liebe und Freude.
Es war an dem Stadtwall, und schneeweiß
        glänzten die Stadtwallgebäude.

Der Seufzer dacht' an ein Maidelein
        und blieb erglühend stehen.
Da schmolz die Eisbahn unter ihm –
        und er sank – und ward nimmer gesehen.

Bim, Bam, Bum

Ein Glockenton fliegt durch die Nacht,
als hätt' er Vogelflügel,
er fliegt in römischer Kirchentracht
wohl über Tal und Hügel.

Er sucht die Glockentönin BIM,
die ihm vorausgeflogen;
d. h. die Sache ist sehr schlimm,
sie hat ihn nämlich betrogen.

»O komm« so ruft er, »komm, dein BAM
erwartet dich voll Schmerzen.
Komm wieder, BIM, geliebtes Lamm,
dein BAM liebt dich von Herzen!«

Doch BIM, daß ihr's nur alle wißt,
hat sich dem BUM ergeben;
der ist zwar auch ein guter Christ,
allein das ist es eben.

Der BAM fliegt weiter durch die Nacht
wohl über Wald und Lichtung.
Doch, ach, er fliegt umsonst! Das macht,
er fliegt in falscher Richtung.

Das ästhetische Wiesel

Ein Wiesel
saß auf einem Kiesel
inmitten Bachgeriesel.

Wißt ihr
weshalb?

Das Mondkalb
verriet es mir
im Stillen:

Das raffinier-
te Tier
tat's um des Reimes willen.

Der Schaukelstuhl auf der verlassenen Terasse

»Ich bin ein einsamer Schaukelstuhl
und wackel im Winde, im Winde.

Auf der Terrasse, da ist es kühl,
und ich wackel im Winde, im Winde.

Und ich wackel und nackel den ganzen Tag.
Und es nackelt und rackelt die Linde.
Wer weiß, was sonst wohl noch wackeln mag
im Winde, im Winde, im Winde.«

Die Beichte des Wurms

Es lebt in einer Muschel
ein Wurm gar seltner Art;
der hat mir mit Getuschel
sein Herze offenbart.

Sein armes kleines Herze,
hei, wie das flog und schlug!
Ihr denket wohl, ich scherze?
Ach, denket nicht so klug.

Es lebt in einer Muschel
ein Wurm gar seltner Art;
der hat mir mit Getuschel
sein Herze offenbart.

Das Weiblein mit der Kunkel

Um stille Stübel schleicht des Monds
barbarisches Gefunkel –
im Gäßchen hoch im Norden wohnt's,
das Weiblein mit der Kunkel.

Es spinnt und spinnt. Was spinnt es wohl?
Es spinnt und spintisieret …
Es trägt ein weißes Kamisol,
das seinen Körper zieret.

Um stille Stübel schleicht des Monds
barbarisches Gefunkel –
im Gäßchen hoch im Norden wohnt's,
das Weiblein mit der Kunkel.

Die Mitternachtsmaus

Wenn's mitternächtigt und nicht Mond
noch Stern das Himmelshaus bewohnt,
läuft zwölfmal durch das Himmelshaus
    die Mitternachtsmaus.

Sie pfeift auf ihrem kleinen Maul, –
im Traume brüllt der Höllengaul …
Doch ruhig läuft ihr Pensum aus
    die Mitternachtsmaus.

Ihr Herr, der große weiße Geist,
ist nämlich solche Nacht verreist.
Wohl ihm! Es hütet ihm sein Haus
    die Mitternachtsmaus.

Himmel und Erde

Der Nachtwindhund weint wie ein Kind,
dieweil sein Fell von Regen rinnt.

Jetzt jagt er wild das Neumondweib,
das hinflieht mit gebognem Leib.

Tief unten geht, ein dunkler Punkt,
querüberfeld ein Forstadjunkt.

Mondendinge

Dinge gehen vor im Mond,
die das Kalb selbst nicht gewohnt.

Tulemond und Mondamin
liegen heulend auf den Knien.

Heulend fletschen sie die Zähne
auf der schwefligen Hyäne.

Aus den Kratern aber steigt
Schweigen, das sie überschweigt.

Dinge gehen vor im Mond,
die das Kalb selbst nicht gewohnt.

Tulemond und Mondamin
liegen heulend auf den Knien …

Nachlese zur Galgenpoesie

Wie sich das Galgenkind die Monatsnamen merkt

Jaguar
Zebra
Nerz
Mandrill
Maikäfer
Pony
Muli
Auerochs
Wespenbär
Locktauber
Robbenbär
Zehenbär

Das Geburtslied Oder:
Die Zeichen Oder: Sophie und kein Ende

Ein Kindelein
im Windelein,
es macht schon
in die Bindelein.
Und um das Haus
oh Graus, oh Graus!
Da blasen
böse Windelein.

»Ein Mädelein!«
ruft Hedelein
und kneift ihm
in die Wädelein.
Doch ach am Haus
oh Graus, oh Graus!
Da wackeln
alle Lädelein.

Ein Eulelein
schiebts Mäulelein
vorbei am
Fenstersäulelein.
Es schreit ins Haus:
»Oh Graus, oh Graus!
Hörst Du
die Silbergäulelein?«

Ein Würmelein
im Stürmelein
fliegt nieder
von dem Türmelein.
Es sagt im Haus:
»Es regnet drauß,
SO gebt mir doch
ein Schirmelein!«

O Kindelein
im Windelein
heut machst du noch
ins Bindelein.
Doch gehst du aus
im langen Flaus
wirst du
ein Vagebindel sein!

Das Simmaleins

Das ist das große Simmaleia
    Simmaleialu
    lusammalei.

Der Stein ist ein,
der Brei ist zwei,
die Schlei ist drei,
der Stier ist vier,
der Bünf ist fünf,
die Hex ist sechs,
was blieben ist sieben.

Der Glockenwurm

Der Glockenwurm,
der Glockenwurm
geht um im Turm
beim Neumondsturm.

    Es klopft
    und tropft –
    und rotbezopft
    Sophie dem Wurm
    die Strümpfe stopft.

Der Glockenwurm,
der Glockenwurm
geht um im Turm
beim Neumondsturm.
    O Laie geh

mit schneller Zeh!
Wann spaßte je
der Glockenwurm?
- - - - - - - - - - - -
Und das tut weh.

Die Uhr

(Eine Moor-Mär)

Vor Jahren sank in einen Sumpf
ein ganz verstorbner Menschenrumpf.
In seiner Westentasche stak
ein Ührelein mit tik und tak.

Der alte Moosfrosch spitzt das Ohr
und spricht: »Es tickt in unserm Moor!
Ei, ei, wenn mich nicht alles trügt,
so han wir eine Uhr gekriegt!«

Die Schokoladenschlange sagt:
»Wie bald, so kommt die Wassermagd
und nimmt – so ist sie – uns zum Tort
die neue Sumpfuhr neidisch fort!«

Und ehe noch das Tier geendet –
da siehst du schon herbeigewendet
die Hand der schnöden Wassernumpf!

Und wieder ward es still im Sumpf.

Des Galgenbruders Gebet und Erhörung

(Ein Nachtlied, im Jenseits vorzusingen)

Die Mond-Uhr wies auf halber Ilf,
da rief ich laut: Gott hilf, Gott hilf!
Wie singt im nahen Röhricht
die Unke gar so töricht!

U u,u u,u u,u u –
So geht es immer und immerzu!
Ich kann solch lautes Grübeln
der Kröte nur verübeln.

So schweig doch still, verruchtes Maul!
Sonst freß dich gleich der Silbergaul!
Er frißt dich auf wie Hafer –
drum werde stiller, braver! …

- - - - - - - - - - - - - - - - - - - -
- - - - - - - - - - - - - - - - - - - -
- - - - - - - - - - - - - - - - - - - -
- - - - - - - - - - - - - - - - - - - -
- - - - - - - - - - - - - - - - - - - -

Die Mond-Uhr wies dreiviertel Ilf,
verweht war mein: Gott hilf, Gott hilf! –
Im nahen Röhricht aber
erschien der Silbertraber.

Zimmerfreuden

Wenn ich mittags fenstersteh
und die große Landschaft seh,
dampft mir plötzlich Bratenrauch
in den reinen Tannenhauch.

Regst umsonst vom Erdenjoch
Flügel der Ekstase –
Ochs und Hammel steigen noch
Göttern in die Nase.

Eine Stimmung aus dem vierten Kreis

Zwei Hände, die so weiß, so weiß
als wie ein schlohweiß Laken,
vereinten sich im vierten Kreis,
während sie sonst gewohnter Weis'
in zwei verschiedenen Taschen staken.

Sie zitterten, jedoch nur leis,
als ob sie vor sich selbst erschraken,
sie fühlten sich auf fremdem Gleis,
und dennoch taten sie mit Fleiß
sich ineinander haken.

Das Auge der Maus

Das rote Auge einer Maus
lugt aus deren Loch heraus.

Es funkelt durch die Dämmerung ...
Das Herz gerät in Hämmerung.

»Das Herz von wem?« Das Herz von mir!
Ich sitze nämlich vor dem Tier.

O Seele, denk an diese Maus!
Alle Dinge sind voll Graus.

Die Hochzeit der Dinge

Am Abend wenn der Mensch ist tot
   ti-ta-tot,
dann machen die Dinge Hochzeit,
   Hi-Ha-Hochzeit.

Dann heiratet das Holz den Stein
und bekommt mit ihm Kinderlein;
die werden wieder Hochzeiter
und so weiter.

Und auch die großen Lexika
schließen dann ihre Ehen.
Welch eine Sprachverwirrung wird da
von neuem wieder erstehen.

Dann werden sich endlich auch einmal
die Stiefel heiraten können
und Kinder kriegen ohne Zahl.
Es ist ihnen auch zu gönnen.

Ich wollte wohl, daß ich ein Stiefel wär,
daß ich da noch Leben hätte;
so zog ich lustig kreuz und quer
mit meiner Stiefelette.

Und sänge manch unsterblich Gedicht
auf ihre strahlende Schwärze
und schenkte ihr ein Kirchenlicht
und ein Pfefferkuchenherze.

Ja ja, die Welt ist rund und bunt
besonders um die Taille;
sie kommt sobald nicht auf den Hund,
die reizende Kanaille.

Das Leichdornröschen

Das Leichdornröschen sitzt gebückt:
Der Stiefel drückt – der Stiefel drückt
ein Zehlein groß, ein Zehlein klein.
Das Leichdornröschen gibt sich drein.
Das Leichdornröschen …

Leichdornprinzessin sitzt und spinnt
im Schoß ihr kleines Leichdornkind,
das hat ein blindes Auge nur
nach den Gesetzen der Natur,
das Leichdornkindlein …

Das Leichdornröschen sitzt voll Scham
und harrt auf seinen Bräutigam
und windet samtne Ringe
um beide Fingerlinge,
das Leichdornröschen …

Liebeserklärung des Raben Ralf an die Räbin Louise Broxak

Tor! tor! tor!
        broxak! broxak!
kokoloko? klokoko!

Serbo-serbo-
        broxak! broxak!
kolkrekolu! krekloko?

Kar! Kar! Kar!
        broxak! broxak!
Kalakaka! Kralkaka!

Gespräch einer Hausschnecke mit sich selbst

Soll i aus meim Hause raus?
Soll i aus meim Hause nit raus?
Einen Schritt raus?
Lieber nit raus?

Hausenitraus -
Hauseraus
Hauseritraus
Hausenaus
Rauserauserauserause ... ...

(Die Hausschnecke verfängt sich in ihren eignen Gedanken oder viel-
mehr diese gehen mit ihr dermaßen durch, daß sie die weitere Entschei-
dung der Frage lächelnd verschieben muß.)

Augurisch

Es gibt erlösende Momente
und wieder solche, die es nicht sind –
(nenn sie verbösende Momente,
wenn nomina dir von Gewicht sind).

Wie häufig, daß ein Wunsch uns brennt,
es möchte dies und das geschehn!
Doch das erlösende Moment
bleibt in der Ferne stehn.

Liebe

Das Feuer brennt,
das Feuer nennt,
die Luft sein Schwesterelement –
und frißt sie doch (samt dem Ozon)!
Das ist die Liebe, lieber Sohn.

Sagen und Nichtsagen

Was sagt der Wind?
Du bist taub!
Du bist blind!
So sagt der Wind.

Was sagt das Laub?
Du bist blind!
Du bist taub!
So sagt das Laub.

Wer aber nichts sagt
(es faßt sich glatt)
das ist des Wichts Magd,
(der keine hat).

Berliner Gesellschaftsessen

Suppe
»Sie sind wohl nicht – nah oder fern –
verwandt mit Lina Morgenstern?!«

Vorgericht
»Böcklin – das ist ein Maler, wie?
Welch' eigentümliche Phantasie!«

Fisch
»Zwar hab' ich eine Ente zu Tisch,
aber ich halt' mich mehr an den Fisch.«

Braten
»Waren Sie schon in Norderney?«
»Nein, aber in Salzburg!«
                    »Ei!
Da war ich ja im vorigen Jahr.
'S ist doch aber dort schön, nicht wahr?«
»Ja, ja, besonders da und da!«
»Die See, die ist aber auch schön!«
                    »Ja,
das glaub ich Ihnen auf Ihr Wort.«
»Der Dr. P., der war auch dort.«

Nachtisch
»Sie haben doch das Stück gesehn –
von wem doch gleich?! Kein Schimmer!
Kurz, Kainz gab Den-und-den,
und Sorma war wie immer.«

Eis
»Die Kälte heute!«
»Die armen Leute!«
»Es sind wieder Unruhen.«
»Ja, was soll man tuen!«

Usw.
c. gr. in inf.

Herr Meier hält sich für das Maß der Welt

Herr Meier hält sich für das Maß der Welt.
Verständlich ist allein, was ihm erhellt.

Herr Meier sagt, wozu doch eure Kunst,
wennn nicht für mich! Sonst ist sie eitel Dunst.

Noch mehr, bei weitem mehr: Herr Meier meint,
daß dann die Kunst im Grunde sträflich scheint.

Man muß sich eiligst von Herrn Meier wenden,
um nicht mit Mord und Raserei zu enden.

Nachtbild

Es horcht ein Hofhund hinterm Zaun
    (»Achtung! Hunde!«)
Es horcht ein Hofhund hinterm Zaun
zur mitternächtigen Stunde.
Mit glüh'nden Augen steht der Hund
an einem Möbelwagen …
Der Mensch ist fort. Die Nacht ist rund
mit Sternen ausgeschlagen.

Rondell

Durch die Schnauzen der Cavalle
schreit ich ruhig meines Weges.
Mitten im Gewühl der Droschken
les' ich Kellers Tanzlegendchen.

Besser nirgends, denn auf Plätzen,
wo sich hundert Linien kreuzen,
kreuz' ich selbst, ein leichter Segler,
kühl-gelassen meines Weges.

Ruhig schreit ich durchs Gewimmel,
habe keine Angst vor Rädern,
lasse mir den Weg nicht irren
durch die Schnauzen der Cavalle.

Die Türme

Die Häusertürme von Neu-Berlin
kamen einmal zusammen,
dieweil es ihnen geboten schien,
sich tätig zu entflammen.

Das Auge nämlich hatte sie
beschimpft in seiner Zeitung:
Es sprach von Hydrozephalie
moderner Hausbereitung.

Das ließ die eitle Zunft nicht ruhn,
sie fingen an zu toben.
(Sie hatten nämlich nichts zu tun
auf ihren Dächern droben.)

»Wir stellen dar den neuen Geist!«
mit Fug und Recht sie riefen.
»Den Bürgerstolz, der aufwärts weist
aus herrschaftlichen Tiefen.

Das Auge, dieses dumme Tier,
mag auf sich selber schreiben.
Wir sind Wahrzeichen! Wir sind Wir
und werden Wir verbleiben!«

Die Giebel wackelten dazu
mit ihren Dekorationen
und schrien: »Ja, laß uns nur in Ruh: –
sonst werden wir dich nicht schonen!«

Die Obelisken auch sodann,
die dickbefransten Säulen. –
sie alle drohten wie ein Mann:
»Wir werden dich schon verbeulen!«

Und aufgeblasenen Kröten gleich
hupften zurück die Türme, –
Hanswurste nach wie vor im Reich
der Lenz- und Winterstürme.

Babelverse

Schaufensterarrangements

Auch der Kaufmann hier in Babel
ist ein heimlicher Feldwabel,
treibt's in seinen Auslagscheiben
wie's die Tempelhofer treiben,

läßt die Waren aufmarschieren,
sich in Reih und Glied formieren,
rechts Konsole, links Konsole,
mittendrin Tablett mit Bowle.

Weiter vorn am Rand der Rampe
links 'ne Lampe, rechts 'ne Lampe.
Oben in der Mitte Gips
und im Halbkreis unten Nippes.

Steht so alles stramm gefüget,
hat der Gute seiner Pflicht genüget
und bei Zwölfuhr-Wache-Schritt
klirrt sein Fenster lustig mit.

Ja, es trägt in diesem Babel
jeder noch die Schnur am Nabel,
welche zu dem Korporal
führt von anno dazumal.

Der E.P.V.

(Dem 2. Garderegiment zu Fuß)

Der Exerzierplatzvogel singt,
sobald des Trommlers Fell erklingt.

Es nimmt voraus, das kleine Vieh,
des Schwegelpfeifers Tirili –

indem sein Köpflein nicht begreift,
warum derselbe noch nicht pfeift. –

Auf seinem Ast im Himmelsblau
sitzt unentwegt der E.P.V.,

sein Lied zu pfeifen stets parat,
ein nie versagender Soldat.

Ukas

Durch Anschlag mach ich euch bekannt:
Heut ist kein Fest im deutschen Land.
Drum sei der Tag für alle Zeit
zum Nichtfest-Feiertag geweiht.

Erschrocken staunt der Heide Schaf mich an

Erschrocken staunt der Heide Schaf mich an,
als säh's in mir den ersten Menschenmann.
Sein Blick berückt; wir stehen wie im Schlaf;
mir ist, ich sah' zum ersten Mal ein Schaf.

Aus der Vorstadt

(Mit Seele vorzutragen)

»Ich bin eine neue Straße
noch ohne Haus, o Graus.
Ich bin eine neue Straße
und sehe komisch aus.

Der Mond blickt aus den Wolken –
ich sage: Nur gemach –
(der Mond blickt aus den Wolken)
die Häuser kommen noch nach!

Ich heiß auch schon seit gestern,
und zwar Neu-Friedrichskron;
und links und rechts die Schwestern,
die heißen alle schon.

Die Herren Aktionäre,
die haben mir schon vertraut:
Es währt nicht lang, auf Ehre,
so werd ich angebaut.

Der Mond geht in den Himmel,
schließt hinter sich die Tür –
der Mond geht in den Himmel –
ich kann doch nichts dafür!«

Quartier latin

Sie sitzen in einem Giebel
des Häusermeers zu zweit.
Sie streiten über die Bibel
der neuen seltsamen Zeit.

Der eine ruft »Zarathustra«,
der andre »Das Kapital«!
Sie mischen ein Dutzend Lustra
in ihrem Gesprächspokal.

Die riesigen Polyeder –
sie drehn sie die ganze Nacht ...
Und schließlich hat doch ein jeder
nur sich, sich selbst gedacht.

Berliner Mägde am Sonnabend

Sie hängen sie an die Leiste,
die Teppiche klein und groß,
sie hauen, sie hauen im Geiste
auf ihre Herrschaft los.

Mit einem wilden Behagen,
mit wahrer Berserkerwut,
für eine Woche voll Plagen
kühlen sie sich den Mut.

Sie hauen mit splitternden Rohren
im infernalischen Takt.
Die vorderhäuslichen Ohren
nehmen davon nicht Akt.

Doch hinten jammern, zerrissen
im Tiefsten von Hieb und Stoß,
die Läufer, die Perserkissen
und die dicken deutschen Plumeaus.

Der Sündfloh

Als schauerlich und grausenvoll
die Sündflut um die Berge schwoll,
kam noch im siebenten Moment
ein junger Floh herzugerennt.

Doch da das obligate Paar
von Flöhen schon im Kasten war,
so musste Noah ihn bestimmen,
ins nasse Grab zurückzuschwimmen.

Voll Eifer gleichfalls protestierten
die beiden, die bereits logierten,
weil – riefen sie (besonders er) –
ein dritter nicht gestattet war!

Der Sündfloh (denn er war es) blieb,
obschon verborgen wie ein Dieb,
und zwar (trotz Jahwen in der Höhe)
vom einen der zwei beiden Flöhe.

Von w e l c h e m braucht man nicht zu sagen;
doch ward sodann aus Vorzeittagen
das Dreieck, wovon Ibsen schreibt,
der Neuzeit wieder einverleibt.

Menschen stehen vor einem Haus

Menschen stehn vor einem Haus,
nein, nicht Menschen, – Bäume.
Menschen, folgert Otto draus,
sind drum nichts als Träume.

Alles ist vielleicht nicht klar,
nichts vielleicht erklärlich
und somit, was ist, wird, war,
schlimmstenfalls entbehrlich.

Unter Spiegelbildern

Unter lauter Spiegelbildern
war ich diese Nacht im Traum.
(Laß die Phantasie nicht wildern,
halte sie vielmehr im Zaum!)

Alles war daselbst vorhanden,
was Natur und Mensch gemacht,
selbst ein Löwe, der (in Banden)
einst vor ein Trumeau gebracht.

Doch nicht einmal nur war Tier und
Mensch und andres hier, o Graun!
Eine Frau war hundertvierund-
fünfzigtausendmal zu schaun.

Auch ein Fräulein war zur Stelle,
ganz gehüllt in blondes Haar,
die in eines Waldborns Welle
einst im Mond gestiegen war.

Leute sah man, die man nie sonst
so gesehn (und umgekehrt);
wer ein Vieh sonst, ein Genie sonst,
hier erst sah man seinen Wert.

Hüt' dich drum, du sichres Siegel,
wer du seist und wo du seist;
sieh dich niemals in den Spiegel,
sonst verfällst du meinem Geist.

Deines Spiegels dunkle Klarheit
hat dein Bild, du weißt nicht wie,
und dann seh ich deine Wahrheit;
denn die Spiegel lügen nie.

Der Korbstuhl

Befreit von jeder Menschenfracht
erholt der Korbstuhl sich bei Nacht.

Er re-agiert mit seinem Rohr
und kehrt die eigne Art hervor.

Er reckt und dehnt sich wohlig aus,
gewissermaßen »wie zu Haus«.

Sonst stets besetzt, erlebt er itzt
die Seligkeit, daß selbst er-sitzt.

»Ein Sessel in sich selbst«, – fürwahr,
ein Ding, so tief als wunderbar!

Golch und Flubis

Golch und Flubis, das sind zwei
Kentauren aus der Titanei,

die mir einst in einer Nacht
Zri, die große Zra, vermacht.

Mangelt irgend mir ein Ding,
ein Beweis, ein Baum, ein Ring –

ruf ich Golch: und er verwandelt
sich in das, worum sich's handelt

Während Flubis umgekehrt
das wird, was man gern entbehrt.

Bei z. B. Halsbeschwerden
wird das Halsweh Flubis werden.

Fällte dich z. B. Mord,
ging' der Tod als Flubis fort.

Lieblich lebt es sich mit solchen
wackern Flubissen und Golchen.

Darum suche jeder ja
dito Zri, die große Zra.

Das Geierlamm

Der Lämmergeier ist bekannt,
das Geierlamm erst hier genannt.

Der Geier, der ist offenkundig,
das Lamm hingegen untergrundig.

Es sagt nicht hu, es sagt nicht mäh
und frißt dich auf aus nächster Näh.

Und dreht das Auge dann zum Herrn.
Und alle haben's herzlich gern.

Das Licht

Warum erinnert mich das Licht
an ein einfältiges Gesicht

mit einer langen, dicken Nas'
und einem Kopf, der wie von Glas?

Die Zwiebel in den Schultern steckt
und obendrein die Zunge bleckt.

Warum hat mitten in der Nacht
mein Licht mir solchen Tort erdacht?

Im Reich der Interpunktionen

Im Reich der Interpunktionen
nicht fürder goldner Friede prunkt:

Die Semikolons werden Drohnen
genannt von Beistrich und von Punkt.

Es bildet sich zur selben Stund'
ein Antisemikolonbund.

Die einzigen, die stumm entweichen,
(wie immer), sind die Fragezeichen.

Die Semikolons, die sehr jammern,
umstellt man mit geschwungnen Klammern,

und setzt die so gefangnen Wesen
noch obendrein in Parenthesen.

Das Minuszeichen naht und – schwapp!
Da zieht es sie vom Leben ab.

Kopfschüttelnd blicken auf die Leichen
die heimgekehrten Fragezeichen.

Doch, wehe! neuer Kampf sich schürzt:
Gedankenstrich auf Komma stürzt –

und fährt ihm schneidend durch den Hals –
bis dieser gleich – und ebenfalls

(wie jener mörderisch bezweckt)
als Strichpunkt das Gefild bedeckt! …

Stumm trägt man auf den Totengarten
die Semikolons beider Arten.

Was übrig von Gedankenstrichen,
kommt schwarz und schweigsam nachgeschlichen.

Das Ausrufszeichen hält die Predigt;
das Kolon dient ihm als Adjunkt.

Dann, jeder Kommaform entledigt,
stapft heimwärts man, Strich, Punkt, Strich, Punkt ...

Ich ging den Igel schauen, ich Schaf

Ich ging den Igel schauen, ich Schaf,
und traf das Pärchen im Winterschlaf.
Dafür sah ich die Otter.
Sie schwamm und sprang eine liegende Acht,
da hab ich der Ewigkeit gedacht,
ich ewiger Weltballtrotter.

Vertiefter Blick

Durch das Eßbare hindurch
schauen wir das Uneßbare;
durch das Korn, entsproßt der Furch',
schauen wir des Bäckers Haare.

So ist jedes Stück Natur
durch Gedankenflug zu adeln,
und nur der als Tor zu tadeln,
der dabei verkehrt verfuhr.

Die Zirbelkiefer

Die Zirbelkiefer sieht sich an
auf ihre Zirbeldrüse hin;
sie las in einem Buche jüngst,
die Seele säße dort darin.

Sie säße dort wie ein Insekt
voll wundersamer Lieblichkeit,
von Gottes Allmacht ausgeheckt
und außerordentlich gescheit.

Die Zirbelkiefer sieht sich an
auf ihre Zirbeldrüse hin;
sie weiß nicht, wo sie sitzen tut,
allein ihr wird ganz fromm zu Sinn.

Das Grab des Hunds

Gestern war ich in dem Tal,
wo der Hund begraben liegt.
Trat erst durch ein Felsportal
und dann wo nach links es biegt

Vorwärts drang ich ungestört
noch um ein Erkleckliches –
ist auch niemand da, der hört?
Denn nun tat ich Schreckliches:

Hob den Stein, auf welchem steht,
welchem steht: Hier liegt der Hund –
hob den Stein auf, hob ihn – und –
sah – oh, die ihr da seid, geht!

Sah – sah die Idee des Hunds,
sah den Hund, den Hund an sich.
Reichen wir die Hände uns;
dies ist wirklich fürchterlich.

Wie sie aussah, die Idee?
Bitte, bändigt euren Mund.
Denn ich kann nicht sagen mehr
als daß sie aussah wie ein – Hund.

Der Meilenstein

Tief im dunklen Walde steht er
und auf ihm mit schwarzer Farbe,
daß des Wandrers Geist nicht darbe:
Dreiundzwanzig Kilometer.

Seltsam ist und schier zum Lachen,
daß es diesen Text nicht gibt,
wenn es keinem Blick beliebt,
ihn durch sich zu Text zu machen.

Und noch weiter vorgestellt:
was wohl ist er – ungesehen.
Ein uns völlig fremd Geschehen.
Erst das Auge schafft die Welt.

Toilettenkünste

(Fritz Mauthnern)

Das Wort, an sich nicht eben viel,
rüstete sich zum Fastnachtsspiel.

Er setzte sich, das gute Wurm,
Perücken auf als wie ein Turm.

Sie barg die äußerst magern Hüften
in märchenhaften Röckegrüften.

Der Ball war voll Bewundrung toll.
Der König selbst sprach: Wundervoll!

Doch morgens krochen – flüchtig Glück! –
zwei Nichtse in ihr Bett zurück.

Die Dummheit spricht

Der Mensch begießt, wer weiß warum,
den Nächsten mit Petroleum;
und steckt ihn an, und dieser ihn,
und beide brennen sie wie Kien.

Die Dummheit sitzt im Sorgenstuhl!
Ach Gott, ist das ein Jammerpfuhl!
Allein, allein, allein, allein,
es muß wohl sein, es muß wohl sein.

Es spricht in ihrem Schädel hohl:
Man braucht ihn wohl, man braucht ihn wohl,
den Krieg, denn wenn der Krieg verstummt,
so ist gewiß, daß man verdummt.

Verdummen aber darf man nicht,
mit tiefem Blick die Dummheit spricht;
nur dumm nicht – spricht sie – eher roh.
Ach Gott, wir sind nun einmal so.

Wiegenlied

Schlaf, Kindlein, schlaf,
am Himmel steht ein Schaf;
das Schaf das ist aus Wasserdampf
und kämpft wie wir den Lebenskampf.
Schlaf, Kindlein, schlaf.

Schlaf, Kindlein, schlaf,
die Sonne frißt das Schaf,
sie leckt es weg vom blauen Grund
mit langer Zunge wie ein Hund.
Schlaf, Kindlein, schlaf.

Schlaf, Kindlein, schlaf.
Nun ist es fort, das Schaf.
Es kommt der Mond und schilt sein Weib;
die läuft ihm weg, das Schaf im Leib.
Schlaf, Kindlein, schlaf.

Mich erfüllt Liebestoben!

Mich erfüllt Liebestoben zu dir!
Ich bin deinst,
als ob einst
wir vereinigst.

Sei du meinst! Komm Liebchenstche zu mir –
ich vergehste sonst
sehnsuchtstgepeinigst.

Doch achst, achst, schwach, arm Wortleinstche ei, was –
genug, da auch du mich liebstest.
Fühls, fühls ohne Worte mein Meinstlein:
Ich sehne dich Steste -st -st!

Der Droschkengaul

»Ich bin zwar nur ein Droschkengaul, –
doch philosophisch regsam;
der Freß-Sack hängt mir kaum ums Maul,
so werd ich überlegsam.
Ich schwenk ihn her, ich schwenk ihn hin,
und bei dem trauten Schwenken
geht mir so manches durch den Sinn,
woran nur Weise denken.

Ich bin zwar nur ein Droschkengaul, -
doch sann ich oft voll Sorgen,
wie ich den Hafer brächt' ins Maul,
der tief im Grund verborgen.
Ich schwenkte hoch, ich schwenkte tief,
bis mir die Ohren klangen.
Was dort in Nacht verschleiert schlief,
ich könnt' es nicht erlangen.

Ich bin zwar nur ein Droschkengaul, –
doch mag ich Trost nicht missen
und sage mir: So steht es faul
mit allem Erdenwissen;
es frißt im Weisheitsfuttersack
wohl jeglich Maul ein Weilchen,
doch nie erreicht's – oh Schabernack –
die letzten Bodenteilchen.«

Der Konvertit

Wie stehst du vor mir, kraus und fremd,
im neuen Weltanschauungshemd!

Und gingst doch gestern noch ganz nackt,
nur bloß mit deiner Haut bepackt?

»Ja, ja, ganz recht, jedoch du weißt:
Es friert zuweilen auch den – Geist!«

Der heilige Pardauz

Im Inselwald »Zum stillen Kauz«,
da lebt der heilige Pardauz.

Du schweigst? Ist dir der Mund verklebt?
Du zweifelst, ob er wirklich lebt?

So sag ich's dir denn ungefragt:
Er l e b t , auch wenn dir's mißbehagt.

Er lebt im Wald »Zum stillen Kauz«,
und schon sein Vater hieß Pardauz.

Dort betet er für dich, mein Kind,
weil du und andre Sünder sind.

Du weißt nicht, was du ihm verdankst, –
doch daß du nicht schon längst ertrankst,

verbranntest oder und so weiter –
das dankst du diesem Blitzableiter

der teuflischen Gewitter. Ach,
die Welt ist rund, der Mensch ist schwach.

Das Löwenreh

Das Löwenreh durcheilt den Wald
und sucht den Förster Theobald.

Der Förster Theobald desgleichen
sucht es durch Pürschen zu erreichen,

und zwar mit Kugeln, deren Gift
zu Rauch verwandelt, wen es trifft.

Als sie sich endlich haben, schießt
er es, worauf es ihn genießt.

Allein die Kugel wirkt alsbald:
Zu Rauch wird Reh nebst Theobald …

Seitdem sind beide ohne Frage
ein dankbares Objekt der Sage.

Drei Hasen

Eine groteske Ballade

Drei Hasen tanzen im Mondschein
im Wiesenwinkel am See:
Der eine ist ein Löwe,
der andre eine Möwe,
der dritte ist ein Reh.

Wer fragt, der ist gerichtet,
hier wird nicht kommentiert,
hier wird an sich gedichtet;
doch fühlst du dich verpflichtet,
erheb sie ins Geviert
und füge dazu den Purzel
von einem Purzelbaum,
und zieh aus dem Ganzen die Wurzel
und träum den Extrakt als Traum.

Dann wirst du die Hasen sehen
im Wiesenwinkel am See,
wie sie auf silbernen Zehen
im Mond sich wunderlich drehen
als Löwe, Möwe und Reh.

Der Zwi

Er war ein wunderlicher Tropf.
Er hatte außer seinem Kopf
noch einen zweiten Kopf, am Knie,
weshalb man ihn auch hieß: den Zwi.

Was Essen, Trinken, Liebe, Schlaf,
kurz, das Gewöhnliche betraf,
vertrug das Paar sich höchst bequem
nach alphabetischem System.

Mehr wert indessen war, wie es
des Denkens göttlichen Prozeß
zum allgemeinen Wohl der Welt
in der Erkenntnis Dienst gestellt.

Es gab sich nämlich klar und schlicht
von jeder Impression Bericht,
die es – und zwar vom selben Ding –
im respektiven Hirn empfing.

Z. B. las das Schädelpaar
ein Buch (im Doppelexemplar),
so fand sofort nach jedem Blatt
ein Dialog (nach Platon) statt.

Ein andermal geht unser Held
mit zwei Bananen über Feld,
bis er auf einem Meilenstein
hinsitzt mit überschlagnem Bein.

Er ißt, und kaum er ausgespeist,
interpretiert zweimal sein Geist
den Hunger, der so süß gestillt,
verdoppelnd des Genusses Bild.

Unglaublich und absonderlich!
Ein Körper, denkt euch, und zwei Ich!
Ein Mensch, der selbst sich duzt, ein Mann,
der Aug' in Aug' sich sitzen kann!!

Windgespräch

»Hast nie die Welt gesehn?
Hammerfest – Wien – Athen?«

»Nein, ich kenne nur dies Tal,
bin nur so ein Lokalwind –
kennst du Kuntzens Tanzsaal?«

»Nein, Kind.
Servus! Muß davon!
Köln – Paris – Lissabon.«

Schweizer Novelle

Er machte vielmals: ziep, ziep, ziep!
doch kam er nicht, der Vogel.
Da stieg er, sich nicht fürder lieb,
auf einen Felsenkogel.

Von diesem warf er sich hinab
(versteht sich, nur im Geiste),
worauf er aus dem Felsengrab
nach Zürich weiterreiste.

Naturspiel

(Eine Unterlage für Programm-Musik)

Ein Hund,
mit braunen Flecken
auf weißem Grund,
jagt ein Huhn,
mit weißen Flecken

auf braunem Grund,
nicht unergötzlich
in einem Torgang
von links nach rechts,
von rechts nach links,
herüber,
hinüber.

Plötzlich
(Gott behüte uns
vor einem ähnlichen Vorgang!)
springen
wohl im Ringen
und Reiz
der Gefechts-
leiden-
schaft,
wie im Takt –
(oh, wie kann
man
es
nur
heraus-
bringen!) …
als wie kraft
eines gegen-
seitigen
Winks
der beiden
Eigen-
tümer-
die Flecken des Huhns
los und locker
aus ihrer Fassung
auf den Hund über
und die Flecken des Hunds

ihrerseits
auf das Huhn.
Und nun – :
(Welch ein Akt
ungestümer
reziproker
Anpassung,
mit keinem anderweitigen
Tableau
noch Prozeß
im weiten Haus,
Kreis,
Rund
und Reigen
der Natur
zu belegen!)
ist der Hund –
weiß
und das Huhn – braun
anzuschaun!!

Mopsenleben

Es sitzen Möpse gern auf Mauerecken,
die sich ins Straßenbild hinaus erstrecken,

[um] von sotanen vorteilhaften Posten
die bunte Welt gemächlich auszukosten.

O Mensch, lieg vor dir selber auf der Lauer,
sonst bist du auch ein Mops nur auf der Mauer.

Tertius Gaudens

(Ein Stück Entwicklungsgeschichte)

Vor vielen Jahren sozusagen
hat folgendes sich zugetragen.

Drei Säue taten und ein Huhn
in einem Hof zusammenruhn.

Das Huhn, wie manchmal Hühner sind
(im Sprichwort mindestens), war blind.

Die Säue waren schlechtweg Säue
von völliger Naturgetreue.

Dies Dreieck nahm ein Mann aufs Ziel,
vielleicht war's auch ein Weib, gleichviel.

Und trat heran und gab den Schweinen –
Ihr werdet: Runkelrüben meinen.

O nein, er warf – (er oder sie) –
warf – Perlen vor das schnöde Vieh.

Die Säue schlossen träg die Lider ...
Das Huhn indessen, still und bieder,

erhob sich ohne Hast noch Zorn
und fraß die Perlen auf wie Korn.

Der Mensch entwich und sann auf Rache;
doch Gott im Himmel wog die Sache

der drei Parteien und entschied,
daß dieses Huhn im nächsten Glied

die Perlen außen tragen solle.
Auf welche Art die Erdenscholle –

das Perlschwein –? Nein! Das war verspielt!
das Perl – H u h n zum Geschenk erhielt.

Der neue Vokal

Der Festredner:
»Unsterblich werden Sie leben,
solang es Menschenmund
und Menschenwitz wird geben
auf diesem Erdenrund.«

Ein Fähnrich, halblaut zur Gattin des
        Gefeierten, Frau Prof. Ulich:
»Was hat denn Ihr Herr Gemahl
nun eigentlich ausgeheckt?«

Die Gattin ebenso:
»Er hat einen neuen Vokal
erfunden oder entdeckt.«

Der Fähnrich:
»Das ist ja phänomenal,
eine wahre Speise für Geister!
Na, Gnädigste, und wie heißt er
denn nun, dieser neue Vokal?«

Die Gattin:
»Er kann ihn noch niemandem sagen,
er läßt ihn erst patentiern;
wir woll'n – nach so langen Plagen –
doch nicht ihr Erträgnis verliern!«

Der Fähnrich:
»Verstehe, Sie wollen Tantiemen!«

Die Gattin:
»Gewiß, das ist unser Ziel!
Wer den Vokal will nehmen,
erhält ihn für so und so viel.«

Der Festredner, abschließend:
»Sie gaben uns mehr, Herr Ulich,
als irgend ein Mensch bislang;
wir trollten fromm und betulich
den alten Schlendriangang.
Da kamen Sie, Geist der Geister,
in unser Jammertal
und gaben uns, teurer Meister,
den A u g u s t - U l i c h - V o k a l !«

Die drei Winkel

Drei Winkel klappen ihr Dreieck
zusammen wie ein Gestell
und wandern nach Hirschmareieck
zum Widiwondelquell.

Dort fahren sie auf der Gondel
hinein in den Quellenwald
und bitten die Widiwondel
um menschliche Gestalt.

Die Wondel – ihr Decorum
zu wahren – spricht Latein:
Vincula, vinculorum,
in vinculis Fleisch und Bein!

Drauf nimmt sie die lockern Braten
und wirft sie in den Teich: –
Drei Winkeladvokaten
entsteigen ihm allsogleich.

Drei Advokaten stammen
aus dieses Weihers Schoß.
Doch zählst du die drei zusammen,
so sind es zwei rechte bloß.

Problem

Es flog ein Stein so weit, soweit –
und hatte doch kein Federkleid!
(Es war ihm ja zu gönnen ...)
Indessen, rechte Seltsamkeit,
daß Steine – fliegen können!

Der Vergeß

Er war voll Bildungshung, indes,
soviel er las
und Wissen aß,
er blieb zugleich ein Unverbeß,
ein Unver, sag ich, als Vergeß;
ein Sieb aus Glas,
ein Netz aus Gras,
ein Vielfreß –
doch kein Haltefraß.

Etiketten-Frage

Ein halber Eßl. und ein Teel.
besahn einander stolz und scheel.

Der Teel. erklärte: »Ich bin mehr!«
Der halbe Eßl. rief, nein, E r !

Die Wissenschaft entschied voll Hohn:
Das kommt vom populären Ton.

Ihr seid, sprach patzig die Madam,
einfach fünf Gramm und zehen Gramm.

Der Flügelflagel

Der Flügelflagel gaustert
durchs Wiruwaruwolz,
die rote Fingur plaustert
und grausig gutzt der Golz.

Namenlos

Gruselett

Auf einem Felsen im Weltmeer,
drauf gespenstisch das Nordlicht brennt,
da lebt ein namenlos Wesen,
das niemand bisher noch kennt.

Es schwebt wie von Blut Überflossen
von des Nordlichts gespenstischer Pracht
Sein meersalzfahles Gefieder
webt Wunder in Weltallsnacht.

Es blickt mit strahlenden Augen
aufs Wellengewell und -gejohl ...
Es hat einen – Fisch im Magen
und fühlt sich gewaltig wohl.

Es weiß nichts von Namen und Worten,
es kennt sich selbst nicht einmal ...
Es l e b t – – ein namenlos Wesen
im namenlosen All.

Das Tellerhafte

Das Tellerhafte kommt heran
auf sieben Gänsefüßen –
Das Tellerhafte kommt heran,
mein Dasein zu entsüßen.

Bald liegt's als wie ein Fisch ihm auf,
und bald wie Brot und Butter;
bald kommt es in gestrecktem Lauf
als wie ein Pferd, Frau Mutter!

Ich fühle mich so recht verhext
als wie in alten Mären:
Ich werde, werde wohl demnächst
ein Galgenkind gebären.

Gigaster

Gigaster hieß der Blitz, der dort
im Tannengrund verschwunden.

Vom Himmel fuhr er wie ein Wort,
das seinen Weg gefunden.

Er traf das Herz der Erde nicht,
wie s e i n Herz wohl erspannte.

Doch bracht' er einem Maulwurf Licht,
der aufschrie – und verbrannte.

Schicksal

Der Wolke Zickzackzunge spricht:
»Ich bringe dir, mein Hammel, Licht.«

Der Hammel, der im Stalle stand,
ward links und hinten schwarz gebrannt.

Sein Leben grübelt er seitdem:
warum ihm dies geschah von wem?

Séance

Die ausgestorbene Seekuh Naus
erschien in Madam Müllers Haus.

Und schrieb auf ein Papier mit Blei:
Ja! (daß sie ausgestorben sei).

Man gab das Blatt herum im Saal.
Worauf die Seekuh sich empfahl.

Der Dreiachtelhase

Kennst du den Dreiachtelhasen
des Herrn Roux in Angoulême,
dieses neue Tier, mit dem
(wie wir jüngst bei Lange lasen)
sein Erfinder Tag und Nacht
treffliche Geschäfte macht?

Nein? – So kaufe, Bester, dir
schleunigst dieses neue Tier;
denn dann hast du, Glücklicher,
ein Tier mehr als Gott der Herr,
der den Löwen und den Affen
(wie wir einst bei Luther lasen),
– der Herrn Roux sogar geschaffen, –
doch nicht den – Dreiachtelhasen.

Der Mondberg-Uhu

Der Mondberg-Uhu hat ein Bein,
sein linkes Bein, im Sonnenschein.
Das rechte Bein jedoch des Vogels
bewohnt das Schattenreich des Kogels.

Bis hundertfünfzig Grad im Licht
gibt Herschel ihm (zwar Langley nicht),
im Düstern andrerseits desgleichen
dasselbe mit dem Minuszeichen.

Sein Wohl befiehlt ihm (man versteht),
daß er sich stetig ruckweis dreht.
Er funktioniert wie eine Uhr
und ist doch bloß ein Uhu nur.

Ein Sandkorn ist der Erdball

Ein Sandkorn ist der Erdball, rufst du aus
und blickst ergriffen auf den Sternensaus.

Dann wendest du dich um und lauschst beim Tee
den Professoren A und B und C.

Und siehe da, auf deinem Körnchen Sand
erhebt sich Wissenschaft, ein Elefant.

Das Korn bleibt Korn. Du aber fromm und munter,
du bringst den Elefanten auf ihm unter!

Und liegst davor sogar noch auf den Knien.
Das Sandkorn trägt geduldig dich und ihn.

Denn trotz Gelehrsamkeit und Hochgefühl:
Ihr seid nicht größer als – ein Molekül.

Brief einer Klabauterfrau

»Mein lieber und vertrauter Mann,
entsetzlieber Klabautermann,
ich danke dir für was du schreibst,
und daß du noch vier Wochen bleibst.

Die ›Marfa‹ ist ein schönes Schiff,
vergiß nur nicht das Teufelsriff;
ich lebe hier ganz unnervos,
denn auf der Elbe ist nichts los.

Bei einem Irrlicht in der Näh
trink manchmal ich den Fünfuhr-Tee,
doch weil sie leider böhmisch spricht,
verstehen wir einander nicht.

l.6.04. Stadt Trautenau.
Deine getreue Klabauterfrau.«

Das Grammophon

Der Teufel kam hinauf zu Gott
und brachte ihm sein Grammophon
und sprach zu ihm, nicht ohne Spott:
»Hier bring ich dir der Sphären Ton.«

Der Herr behorchte das Gequiek
und schien im Augenblick erbaut:
Es ward fürwahr die Weltmusik
vor seinem Ohr gespenstisch laut.

Doch kaum er dreimal sie gehört,
da war sie ihm zum Ekel schon, –
und höllwärts warf er, tief empört,
den Satan samt dem Grammophon.

Der Schnupfen

Ein Schnupfen hockt auf der Terasse
auf daß er sich ein Opfer fasse,

– und stürzt alsbald mit großem Grimm
auf einen Menschen namens Schrimm.

Paul Schrimm erwidert prompt: Pitschü!
und h a t ihn drauf bis Montag früh.

Scholastikerproblem I

Wieviel Engel sitzen können
auf der Spitze einer Nadel –
wolle dem dein Denken gönnen,
Leser sonder Furcht und Tadel!

Alle! wird's dein Hirn durchblitzen.
Denn die Engel sind doch Geister!
Und ein ob auch noch so feister
Geist bedarf schier n i c h t s zum Sitzen.

Ich hingegen stell den Satz auf:
Keiner! – Denn die nie Erspähten
können einzig nehmen Platz auf
geistlichen Lokalitäten.

Scholastikerproblem II

Kann ein Engel Berge steigen?
Nein. Er ist zu leicht dazu.
Menschenfuß und Menschenschuh
bleibt allein dies Können eigen.

Lockt ihn dennoch dieser Sport,
muß er wieder sich ver-erden
und ein Menschenfräulein werden
etwa namens Zuckertort.

Allerdings bemerkt man immer,
was darin steckt und von wo –
denn ein solches Frauenzimmer
schreitet anders als nur so.

Die zwei Parallelen

Es gingen zwei Parallelen
ins Endlose hinaus,
zwei kerzengerade Seelen
und aus solidem Haus.

Sie wollten sich nicht schneiden
bis an ihr seliges Grab:
das war nun einmal der beiden
geheimer Stolz und Stab.

Doch als sie zehn Lichtjahre
gewandert neben sich hin,
da war's dem einsamen Paare
nicht irdisch mehr zu Sinn.

War'n sie noch Parallelen?
Sie wußten's selber nicht, –
sie flossen nur wie zwei Seelen
zusammen durch ewiges Licht.

Das ewige Licht durchdrang sie,
da wurden sie eins in ihm;
die Ewigkeit verschlang sie,
als wie zwei Seraphim.

Das Nilpferd

Ein Nilpferd las sich jüngst, o weh,
statt mit groß 𝔑 mit groß 𝔔.

Worauf es flugs von den Ästheten
als Wappentier ward auserbeten.

Zerknirscht von ungeheurer Pein,
ging es ob dieser Torheit ein …

Seit damals wird dem Nilflußpferd
die deutsche Schrift nicht mehr gelehrt.

Und schreibt man klug das Nilflußroß
römisch und ›Hippopotamos‹.

Der Papagei

Es war einmal ein Papagei,
der war beim Schöpfungsakt dabei
und lernte gleich am rechten Ort
des ersten Menschen erstes Wort.

Des Menschen erstes Wort war A
und hieß fast alles, was er sah,
z. B. Fisch, z. B. Brod,
z. B. Leben oder Tod.

Erst nach Jahrhunderten voll Schnee
erfand der Mensch zum A das B
und dann das L und dann das Q
und schließlich noch das Z dazu.

Gedachter Papagei indem
ward älter als Methusalem
bewahrend treu in Brust und Schnabel
die erste menschliche Vokabel.

194

Zum Schlusse starb auch er am Zips.
Doch heut noch steht sein Bild in Gips,
geschmückt mit einem großen A,
im Staatsschatz zu Ekbatana.

Plötzlich

Plötzlich staunt er vor seinem Zwicker,
daß er nicht »gehe«, gleich als ob das Glas
wie eine Uhr, nun eben: »gehen« müßte.
Wie? war er – stehen geblieben? –
                        Lebenswitz.
Auf zwei Sekunden Wahrheit, hier für drei
zuviel schon. Gleichwohl. »Plötzlich« … Schluß.

Auf einem Wandkalenderblatt

Auf einem Wandkalenderblatt
ein Leu sich abgebildet hat.

Und blickt dich an bewegt und still
den ganzen 17. April.

Wodurch er zu erinnern liebt,
daß es ihn immerhin noch gibt.

Kurhauskonzertbierterassenereignis*

Die Fledermaus
hört »sich« von Strauß.

(Der Bogen-Mond
wirkt ungewohnt.)

Da rührt ihr Flügel
die Milchglaskugel.

Der Damen Wut:
»Mein Haar! Mein Hut!«

Sie tanzt – wirr – – worr –
'nem Gast ins Pschorr.

Der Pikkolo
entfernt sie:–: so: …

Die Fledermaus
ist eben aus.

* Dieser Titel wird auch peribolhygienisch bei drohenden Zornausbrü-
chen als Prophylaxe gebraucht. Ohne weitere Zutat ausgesprochen re-
agiert er sofort ab. Beim deutschen Reichspatent mit »Fluchersatz« an-
gemeldet.

Zivilisatorisches

Ein Fisch schrieb jüngst in seinem Blatt:
»Ich bin des trocknen Tons nun satt.
Ich will (als einer nur von vielen)
zwei Hände, um Klavier zu spielen.

Tief in der Südsee lebt mit Brillen
ein Molch, der tut uns wohl den Willen.
Erteile das Rezept uns mit.
Bad Westerland, Sylt. E. P. Schmidt.«

Das Blatt verließ die Druckerei.
Der Hering las es wie der Hai.
Fast jeder bis hinauf zum Wal
empfand den Einfall als Skandal,
ja, mehr als das, in seltner Einheit,
als dekadentische Gemeinheit.
(Alleinzig der Polyp sah jetzt,
wozu er in die Welt gesetzt.
Und schwamm herum, von Sinnen schier
nach einem scheiternden Klavier.)

Der Molch indes mit spitzen Ohren
hat seine Kundschaft nicht verloren:
Er sandte Schmidten die Broschüre
»Fischhände (später Maniküre)
nur durch Gymnastik in drei Jahren«.
Da war nun alles zu erfahren.
Man sieht, wie da in Westerland
zum Menschen noch der Fisch entbrannt:
die Wunder der Natur, der wilden,
kulturgemäß hinaufzubilden.

Der gestrichene Bock

Ein Wildbret mußt' allabendlich
auf einem Hoftheater sich
im Hauptakt auf das Stichwort ›Schürzen‹
von links aus der Kulisse stürzen.

Beim zwölften Male brach es aus
und rannte dem Souffleur ins Haus,
worauf es kurzweg – und sein Part –
von der Regie gestrichen ward.

Zwei Hoftheaterdiener brachten
am nächsten Morgen den gedachten
gestrichnen königlichen Bock
per Auto nach Hubertusstock.

Dort geht das Wildbret nun herum
und unterhält sein Publikum
aus Reh, Hirsch, Eber, Fuchs und Maus
von ›Rolle‹, ›Stichwort‹ und ›Applaus‹.

Lebens-Lauf

Ein Mann verfolgte einen andern
(aus Deutz). (Er selber war aus Flandern).

Der Deutzer, just kein großer Held,
gibt unverzüglich Fersengeld.

Der Flame sagt sich: Ei, nun gut!
und sammelt es in seinen Hut.

Und sammelt bis zur finstern Nacht,
und morgens, als der Hahn erwacht,

und jener weiter flieht, voll Reue,
da füllt er seinen Hut aufs neue.

Durch ganz Europa geht es so.
Sie sind bereits am Flusse Po.

Sie sind in Algier ungefähr,
da ist der eine Millionär.

Wie – Millionär? Oh Allahs Güte!
Sein Schatz mißt hunderttausend Hüte.

Nein: Legionär – dies ist das Wort!
Und jener sagt's ihm auch sofort.

Und beide teilen sich das Geld
und kaufen sich dafür die Welt.

- - - - - - - - - - - - - - - -

Tief in Marokko steht ein Kreuz,
da ruhn die aus Brabant und Deutz,

die beiden fremden Legionäre.
O Mensch, »das Geld ist nur Chimäre«

Der Glaube

Eines Tags bei Kohlhasficht
sah man etwas Wunderbares.
Doch daß zweifellos und wahr es,
dafür bürgt das Augenlicht.

Nämlich standen dort zwei Hügel,
höchst solid und wohl bestellt;
einen schmückten Windmühlflügel
und den andern ein Kornfeld.

Plötzlich, eines Tags um viere
wechselten die Plätze sie;
furchtbar brüllten die Dorfstiere,
und der Mensch fiel auf das Knie.

Doch der Bauer Anton Metzer,
weit berühmt als frommer Mann,
sprach:»Ich war der Landumsetzer,
zeigt mich nur dem Landrat an.

Niemand anders als mein Glaube
hat die Berge hier versetzt.
daß sich keiner was erlaube:
Denn ich fühle stark mich jetzt.«

Aller Auge stand gigantisch
offen, als er dies erzählt.
Doch das Land war protestantisch,
und in Dalldorf starb ein Held.

Droschkengauls Wintertrost

Ich stoße Dampf aus Haut und Nase,
der Frost entwickelt meine Gase.

Ich dringe in die Atmosphäre –
als war ich eine Mondhof-Mähre.

Es fehlt nur, daß ich blutig glute,
so war ich eine Nordlicht-Stute. –

Ja, raucht' ich hint' im Fixsternhimmel, –
ich war ein Vollmilchstraßennebelschimmel!

II

An einem Stein bin ich verankert.
Warum? Weil ich ein Maultierbankert?

Doch nicht an dem genug. O nein!
Ich ziehe auch noch diesen Stein.

So muß ich, fremde Schuld zu sühnen,
der Gasse zum Gelächter dienen?

Bin ich ein Schiff, vom Sturm bedräut,
daß man mit Kette mich vertäut?

Das Schlimmste aber: ich muß ihn
samt Milch und Kutscher auch noch ziehn.

[...]

Das Mondschaf sagt sich selbst

Das Mondschaf sagt sich selbst gut Nacht,
d. h. es wurde überdacht
von seinem eignen Denker:
Der übergibt dies alles sich
mit einem kurzen Federstrich
als seinem eignen Henker.

Zwischendurch

... Ein Hund, der naß im Regen wurde,
empfand die Nässigkeit als Bürde
und wünschte sich ein Taschentuch,
um sich zum mindestens die Nase –

statt dessen wälzte er im Grase
sich, doch mit Mißerfolg, da dies
ihm gleichfalls nichts als Nässe ließ …

Da, wo des Meeres Bett

Da, wo des Meeres Bett
schon dunkel violett,

umschwimmt ein Brillenfisch
ein schwärzliches Gemisch.

Ein Zentner Schnupftabak
versank mitsamt dem Wrack.

Ein Tintenfisch verschlang den Mister
Karfunkel, einen Schulmagister.

Und schwimmt mit dem vor allem Volke
in einer roten Tinten-Wolke.

Die eiserne Gans

[Galgenschule – Verfasser unbekannt – Schema: Das Nasobēm]

Ist eine Gans aus Eisen,
die niemand kennt im Land.
Ihr mögt bis Böheim reisen,
Ihr findet nit ihren Stand.

Sie schenkt Euch täglich Federn,
so viel Ihr wollt und kauft.
Ihr werd't sie nicht zerfledern,
wie sehr Ihr sie auch rauft.

Ist eine Gans aus Eisen,
an die [noch niemand glaubt],
sie sprang doch gleich Athenen,
o Mensch, aus deinem Haupt.

Der Sperling und das Känguruh

Der Sperling und das Känguruh
Im zoologischen Garten

Vor seinem Haus das Känguruh –
es guckt wohl einem Sperling zu.

Der Sperling sitzt auf dem Gebäude,
doch ohne sonderliche Freude.

Vielmehr er fühlt, den Kopf geduckt,
wie ihn das Känguruh beguckt.

Der Sperling sträubt den Federflaus –
die Sache ist auch gar zu kraus.

Ihm ist, als ob er kaum noch säße ...
Wenn nun das Känguruh ihn fräße?!

Doch dieses dreht nach einer Stunde
den Kopf aus irgend einem Grunde,

vielleicht auch ohne tiefern Sinn,
nach einer andern Richtung hin.

Auf dem Fliegenplaneten

Auf dem Fliegenplaneten,
da geht es dem Menschen nicht gut:
denn was er hier der Fliege,
die Fliege dort ihm tut.

An Bändern voll Honig kleben
die Menschen dort allesamt,
und andre sind zum Verleben
in süßliches Bier verdammt.

In Einem nur scheinen die Fliegen
dem Menschen vorauszustehn:
Man bäckt uns nicht in Semmeln
noch trinkt man uns aus Versehn.

Vice versa

Ein Hase sitzt auf einer Wiese,
des Glaubens, niemand sähe diese.

Doch, im Besitze eines Zeißes,
betrachtet voll gehaltnen Fleißes

vom vis-a-vis gelegnen Berg
ein Mensch den kleinen Löffelzwerg.

Ihn aber blickt hinwiederum
ein Gott von fern an, mild und stumm.

Korbsesselgespräch

Was ich am Tage stumm gedacht,
vertraut er eifrig an der Nacht.

Mit Knisterwort und Flüsterwort
erzählt er mein Geheimnis fort.

Dann schweigt er wieder lang und lauscht –
indes die Nacht gespenstisch rauscht.

Bis ihn der Bock von neuem stößt
und sich sein Krampf in Krachen löst.

Die Unterhose

Heilig ist die Unterhose,
wenn sie sich in Sonn' und Wind,
frei von ihrem Alltagslose,
auf ihr wahres Selbst besinnt.

Fröhlich ledig der Blamage
steter Souterränität,
wirkt am Seil sie als Staffage,
wie ein Segel leicht gebläht.

Keinen Tropus ihr zum Ruhme
spart des Malers Kompetenz,
preist sie seine treuste Blume
Sommer, Winter, Herbst und Lenz.

Die Schwestern

Die Kanone sprach zur Glocke:
»Immer locke, immer locke!

Hast dein Reich, wo ich es habe,
hart am Leben, hart am Grabe.

Strebst umsonst, mein Reich zu schmälern,
bist du ehern, bin ich stählern.

Heute sind sie dein und beten
morgen sind sie mein und – töten.

Klingt mein Ruf auch unwillkommen,
keiner fehlt von deinen Frommen.

Beste, statt uns zu verlästern,
laß uns einig sein wie Schwestern!«

Drauf der Glocke dumpfe Kehle:
»Ausgeburt der Teufels-Seele,

wird mich erst der Rechte läuten,
wird es deinen Tod bedeuten.«

Die zwei Turmuhren

Zwei Kirchturmuhren schlagen hintereinander,
weil sie sonst widereinander schlagen müßten.
Sie vertragen sich wie zwei wahre Christen.
Es wäre dementsprechend zu fragen:
warum nicht auch die Völker
hintereinander statt widereinander schlagen.
Sie könnten doch wirklich ihren Zorn

auslassen, das eine hinten, das andre vorn.
Aber freilich: Kleine Beispiele von Vernunft
änderten noch nie etwas am großen Narreteispiele der Zunft.

Physiognomisches Skizzenblatt

Lalacrimas, es war ein Wesen,
dem Weinen immer nahe stand,
indessen Lagrimaß, davon genesen,
durch Mienenspiele sich entband.

Ich lernte sie als Schwestern kennen,
und sie ergänzten sich so baß,
daß ich so frei war, sie bei mir zu nennen:
Lalacrimas und Lagrimaß.

Das Fernklavier

Castor sitzt in Leipzig hier.
Und in Pest steht ein Klavier.
Castor spielt. Und seine Weise
rührt die Tasten, laut (auch leise)
dort in Pest.

Pest strömt zum Fest.

Denkmalswunsch

Setze mir ein Denkmal, eher,
ganz aus Zucker, tief im Meer.

Ein Süßwassersee, zwar kurz,
werd ich dann nach meinem Sturz;

doch so lang, daß Fische, hundert,
nehmen einen Schluck verwundert.

Diese ißt in Hamburg und
Bremen dann des Menschen Mund.

Wiederum in eure Kreise
komm ich so auf gute Weise,

während, werd ich Stein und Erz
nur ein Vogel seinen Sterz

oder gar ein Mensch von Wert
seinen Witz auf mich entleert.

FÜNF TEUFELSLEGENDCHEN

Die Mönche

Es gibt eine Wiese bei Köln:
Auf die sind dereinst aus der Hölln
zwölf weiße Mönche gestiegen und haben
auf ihr gehockt wie zwölf weiße Raben.

Doch als die Glocke schlug drei,
da faßten sich zwei und zwei
und sind in klappernden Holzpantinen
dem Abt ihres Klosters im Traum erschienen.

Der Abt warf wild sich herum ...
Doch sie tanzten in ihm, rum plum,
als sei sein Gewissen die Wiese von Köln!
Und des Morgens: da fuhren sie mit ihm zur Hölln.

Da fuhrn dreizehn weiße Kutten aus Köln
beim Vieruhrmettengebrumm.

Der Schüler

Ein Schüler in Paris,
gestorben und zur Hölle verdammt,
sich eines Abends wies
vor seinem Lehrer, der noch im Amt.

Ein Hemd war sein Gewand,
das war mit lauter Sophismen bestickt.
Und nachdem er den Unglücksmann angeblickt,
verneigte er sich und verschwand.

Der Rabbiner

Ein Prager Rabbiner, namens Brod,
gelangte durch teuflische Magie
zu solcher Macht, daß selbst der Tod
vergeblich wider ihn Flammen spie.

Doch endlich geriet es dem Tode doch:
Er verbarg sich in einer Rose Grund.
Der Teufel dachte der Rose nicht – und
der Rabbiner starb, als er an ihr roch.

Der Maler

Ein Maler kühlte sein Gelüst –
und malte in der Apsis Grund
den Teufel wüst wie einen Hund.
Da stieß ihn dieser vom Gerüst.

Doch tiefer unten Maria stand.
Die reichte ihm ganz schnell die Hand
und, daß er stehn kunnt, seinem Fuß
die Spitze ihres winzigen Schuhs –

und sprach zu dem Erschrocknen: Sieh,
so lohnt die junge Frau Marie
dem Schelm, der heute schier geprahlt,
doch vordem sie so s c h ö n gemalt!

Der Hahn

Zu Basel warf einst einen Hahn
der hohe Magistrat ins Loch,
dieweil er eine Tat getan,
die nach des Teufels Küche roch.

Er hatte, wider die Natur,
ein Ei gelegt, dem Herrn zum Trotz!
Doch nicht genug des Frevels nur, –
er schien auch reulos wie ein Klotz.

So ward er vor Gericht gestellt,
verhört, gefoltert und verdammt,
und Rechtens dann, vor aller Welt,
ein Holzstoß unter ihm entflammt.

Der Hahn schrie kläglich Kikriki,
der Basler Volk sang laut im Kreis.
Doch plötzlich rief wer: Auf die Knie!
Gottlob! jetzt schrie er – Kyrieleis!

KLAUS BURRMANN,
DER TIERWELTPHOTOGRAPH

Das Heideschaf

Du denkst wohl, ich will dich scheren,
ich will dir scheren die Woll'?
O nein, du mein Heidschnuckchen,
ich bin doch nicht Hans Zwoll!

Hans Zwoll mit seiner Schere,
der dir die Woll' abschert,
und drüben dann nach Hamburg
damit zu Markte fährt!

Du brauchst nicht so zu blöken,
du dummes, kleines Schaf. –
Ich bin doch nur Klaus Burrmann,
der Tierweltphotograph.

Der kluge Igel

Den Igel, welcher Pflaumen spießt
und sie alsdann in seinem Nest
als leckre Winterkost genießt,
hält Onkel Burrmanns Bild hier fest.
Der Igel wälzt sich um und um
mit innerlichem Wohlgebrumm,
bis er, mit Pflaumen ganz beschwert,
nach seiner Höhle heimwärts kehrt.
Dort nimmt ihm ab die Igelfrau
die feilen Früchte, rund und blau,
und legt sie in die tiefen Töpfe
(zumal auch für die kleinen Tröpfe)
und stellt die Töpfe an die Wand
und spricht mit hocherhobner Hand:
»Dies für den Winter, wenn es friert!
Heut wird noch Heuschreck schnabuliert.«

Füchslein-Leben

Einen Jungen-Fuchsen-Reigen
will euch hier Klaus Burrmann zeigen.

Sommermorgens schon um viere
läßt Mama die kleinen Tiere
aus den Zimmerchen des Baus
auf den Wiesenplan hinaus.

Tanzen dürfen dort im Ringel-
reihn die kleinen roten Schlingel;
denn am Tag ist keine Zeit
zu solch feiner Lustbarkeit.

Seht, da geht die Sonne auf.
Nun beginnt der Tageslauf.

Fuchspapa erscheint und spricht:
Jetzt beginnt mein Unterricht!

»Denke dir, mein lieber Knabe«,
spricht er zu dem jüngsten Knaben:
»Denke dir, ich war' ein Rabe!
Nun! Wie fängt man einen Raben?«

Peter (wie der Kleine heißt)
ist nun just kein großer Geist,

doch sein Schwesterchen Elise
legt sich stracks platt auf die Wiese.

Und obwohl ihr gar nichts fehlt,
stellt sie tot sich und entseelt.

Drauf fängt Vater Fuchs voll Lächeln
mit den Armen an zu fächeln

und begibt sich hupfend flugs
zu dem tot vermeinten Fuchs –

ganz so wie ein Rabe täte,
der ein Beutestück erspähte.

Und schon packt er ihre Pfote. –
Doch da springt sie auf, die »Tote«!

Kneift ins Bein ihn und – fürwahr!
fraß' ihn auf mit Haut und Haar,
wär's der eigne Vater nicht,
welcher stolz nun also spricht:

»Siehst du, Peter, deine Schwester
weiß schon mehr als du, mein Bester.
Peterchen, was bist du doch
für ein kleiner Dummkopf noch!«

Die Uhufamilie

Im Eichbaum sitzt der Uhumann
und zieht sich seine Schuhu an.

Daneben sitzt das Uhuweibchen,
und knüpft sich zu das Uhuleibchen.

Das kleine Uhukind jedoch –
es bürstet sich die Zähne noch.

Klaus Burrmann sieht sie alle drei
und knipst sie alle drei, juchhei,

bei ihrer Morgentoalette
in seine Kamerakassette.

Überfahrt nach Afrika

Von Hamburg aus fährt Onkel Klaus
aufs weite, blaue Meer hinaus.

Er reist zuerst nach Kairo und
von dort sodann nach Swakopmund.

Von Swakopmund mit Ochsenpost
von Deutsch-Südwest nach Deutsch-Südost.

Und wo er lagert und marschiert
wird Mensch und Tier photographiert.

Vernehmt und schaut nun, was er sah
auf seiner Fahrt nach Afrika!

Mogel

Der Diener Mogel, treu und leise,
begleitet Burrmann auf der Reise.

Er ist ein halber Neger und
gebürtig aus Stadt Swakopmund.

Stadt Swakopmund, das ist ein Hafen,
in welchem nachts die Schiffe schlafen.

Doch wenn man aus dem Schiffe steigt,
sich Afrika, das große, zeigt.

Der Diener Mogel also heißt
mit Vornamen Hans Immerdreist.

So taufte ihn ein Missionar
und goß im Wasser übers Haar.

Nun trägt der Brave früh und spat
Klaus Burrmann nach den Apparat

durch Wüstensand und Urwald dicht,
und fürchtet sich vor niemand nicht.

Der gefährliche Walfisch

Der Walfisch – nun, das wißt ihr doch –
bläst Wasser aus dem Nasenloch.

Klaus Burrmann hat ihn konterfeit,
just wie er auf ein Luftschiff speit!

Die Gondel füllt sich ganz, o weh,
mit Wasserflut der wilden See,

so daß das Luftschiff sinkt und sinkt
und seine Mannschaft schier ertrinkt.

Dem Walfisch ist das einerlei …
Der Dampfer aber eilt herbei

und zieht sie alle, Mann und Maus,
heil aus dem Ozean heraus.

Das Nashorn

Das wilde Nashorn trinkt im Tümpel
um Mitternacht.

Ringsum hegt Urwaldbaumgerümpel
vom Blitz zerkracht.

Es ist so schwarz in Wald und Ried,
daß sich das Nashorn selbst kaum sieht.

Doch hinter einer Baumstamm-Mauer
da liegt Klaus Burrmann auf der Lauer:

Es flammt ein weißes Pulver: Blupp!!!
Das Nashorn denkt: es blitzt! – Doch seht:

Da hat er auch schon, huppdi wupp,
des Nashorns nächtliches Porträt.

Die beiden Löwen

Ein Löw' und eine Löwin sehn
im Dunkel einen Esel stehn.

Worauf, denselben zu verspeisen,
sie voller Arglist ihn umkreisen.

Freund Burrmann merkt's und hat Erbarmen:
er hilft mit seiner Kunst dem Armen.

Sein Pulver knallt und zischt, und schnell
wird's um die Tiere schneeweißhell.

Die Löwin zieht den Schweif ein, und
der Löwe hält vor Schreck den Mund.

Voll Angst entfliehn sie, mit Geschrei –
Der Mond sagt: Ich war auch dabei.

Der Vogel Strauß

Der Vogel Strauß steckt, wie bekannt,
den Kopf gern in den Wüstensand.
Zumal, wenn ihm Freund Burrmann naht
mit seinem Knipsknaps-Apparat.
Doch Klaus, gewitzigt und gewandt,
erbaut sich unterm Wüstensand
ein Zimmer, ganz mit Glas gedeckt,
worin er sich voll List versteckt.
Auf dessen Decke türmt er drauf
aus Sand ein künstlich Berglein auf
und höhlt es innen aus, daß man
von unten her hineinschaun kann.
Gerannt kommt nun der Straußenvogel
und sieht von fern den Diener Mogel,
den er für Burrmann selber hält.
»Ha!« denkt der Strauß, »du wirst geprellt!«
Und macht sich unsichtbar wie immer –
grad über Onkel Burrmanns Zimmer.
Doch eh er sich noch sagt: »Wie dumm!« –
da blitzt schon das Magnesium.
Er sperrt nur noch den Schnabel weit …
da ist er auch schon konterfeit.
Klaus Burrmann und sein Diener Mogel,
sie haben nun den ganzen Vogel.
Den Kopf im Sande hat der eine,
der andere hat Hals, Rumpf und Beine

Das Giraffenbein

Dies ist ein Giraffenbein
aus dem großen Afrika.
Nur das Bein siehst du allein,
sonst ist nichts vom Tiere da.

Denn die Giraffe schreitet aus
so weit als wie von hier bis dort;
vermöge ihres Körperbaus
bewegt sie wie ein Wind sich fort.
Drum muß die Giraffe sich
selber knipsen bei der Nacht!
Scheint dir dies verwunderlich,
frag Freund Burrmann, wie man's macht.

Wie die Giraffen sich selber photographieren

Über einen von den Pfaden,
drauf des Nachts Giraffen gehn,
spannt er einen langen Faden,
den sie in der Finsternis nicht sehn.
Wenn sie dieses Garn berühren,
lodert das Magnesiumlicht –
und sie müssen sich photographieren,
ob sie wollen oder nicht!
Staunend stehn sie mit gereckten Hälsen,
während links der Sturzbach braust,
und verschwinden flugs dann hinter Felsen …
Doch Freund Burrmann lacht sich in die Faust.

Das Krokodil

In Afrika da fließt der Nil.
In diesem lebt das Krokodil.
Ein Tier, das oft, wenn auch nicht immer,
so lang wie euer Kinderzimmer!
Dies Tier frißt Menschen wie Salat,
doch nur, wenn man ihm Böses tat.

So schießt zum Beispiel hier ein Mohr
mit spitzem Pfeil nach seinem Ohr.
Das Krokodil fährt auf ihn zu
und hält ihn auch schon fest im Nu!
Doch Mogel und der Onkel Klaus
sie sehn's und ziehn ihn wieder raus.

Der Mohr springt hoch vor lauter Glück.
Das Kroko schwimmt enttäuscht zurück.
Und läßt du einige Zeit vergehn,
so wirst du nichts mehr von ihm sehn.

Der Marabu

Der Marabu, von dem es heißt,
er sei ein nachdenklicher Geist,

nimmt bei des Vollmonds hellem Brand
sehr gern ein gutes Buch zur Hand –

und setzt die Brille auf die Nase
und liest des Nachts in der Oase.

Er denkt, es hat des niemand acht,
wodurch er so gelehrt sich macht.

Doch Burrmann folgt mit Hilfe Mogels
dem Lebensgang auch dieses Vogels.

Hans Mogel wird, mit Leim behandelt,
in einen Marabu verwandelt.

Stativ und Apparat dazu
in einen zweiten Marabu.

Als nun die Nacht kommt und der Mond,
erscheint der Vogel, wie gewohnt,

und hebt die Brille hinters Ohr
und zieht ein Lesebuch hervor.

Unweit zwar, an der Palme Fuß,
sieht er zwei weitere Marabus; –

doch, da dieselben gleichfalls lesen,
versöhnt er sich mit ihrem Wesen.

Er schlägt sein Buch auf, Seite dreißig,
und liest wie immer ernst und fleißig.

Da drückt Hans Mogel auf den Ball …
man hört ein Klirren von Metall …

doch weiter nichts. Die Dreie stehn
ganz still, als wäre nichts geschehn.

Nach einer Weile aber – knall! –
drückt Mogel abermals den Ball.

Verflossen ist die nötige Zeit,
der Marabu ist konterfeit.

Die beiden falschen Marabus
verschwinden von der Palme Fuß …

Der echte aber spricht zu sich:
»Dies alles ist höchst wunderlich!« …

Trudchen

Was hat denn gestern Klein Trudchen
  mit Schere und Streichholz gemacht?
Siehst du, das hat Freund Schillings
  den Eltern nun hinterbracht.

Grad wie mit Scher und Streichholz
  das Kind gegaukelt hat,
so sitzt es jetzt gefangen
  auf diesem weißen Blatt.

Der Höhlenbär

Im Walde sitzt der Höhlenbär
vor seiner Höhle drauß
und denkt: Wer kann mir Böses tun!
Ich bin doch hier zu Haus.

Er fängt sich eine Hummel
und schlürft ihren Honig aus.
Er denkt: Wer kann mir wohl was tun,
ich bin doch hier zu Haus.

Doch im Gebüsch verborgen
steht schmunzelnd Onkel Klaus
und fängt ihn samt der Hummel
in sein Guckkastenhaus.

EPIGRAMME

Laß dies lauter Brücken sein,
aus dem Alltag hergeschlagen,
dich zum All-Tag hinzutragen.

———————

Ein armer Mann –
der nicht sein selber lachen kann.

———————

O schwärme, schwärme, Lieber, ungezügelt,
nach jeder Erdenfreude lustbeflügelt!
Nur eins verliere nicht:
den roten Faden deiner tiefsten Pflicht.
Die aber ist:
Dich selber zu entdecken
und dann dich selber nach dir selbst zu strecken.

———————

Wer stets den Blick aufs Ganze hält gerichtet,
ertrag's, wird ihm das eigne Glück zernichtet.

———————

Mit tausend Sinnen
abzugewinnen,
was jedes Raum- und Zeitatom enthält!

Der größte Finder
ist noch ein Blinder
in all dem Reichtum dieser Welt.

———————

Mag die Welt des Wollens heiliger Reinheit
niedren Trieb voll Neid hinzuerdichten:
offenbart sie nur die eigne Kleinheit.
Edles Werk kann nur der Edle richten.

———————

Ich bin mir selbst ein unbekanntes Land
und jedes Jahr entdeck ich neue Stege.
Bald wandr' ich hin durch meilenweiten Sand
und bald durch blütenquellende Gehege.
So oft mein Ziel im Dunkel mir entschwand,
verriet ein neuer Stern mir neue Wege.

————————

Vor den »abgeklärten« Leuten
ist die Furcht nicht unbegründet.
Oh, ich kenne diese Zeiten,
wo man »abgeklärt« empfindet.

————————

Der Mensch lebt nicht vom Brot allein,
es müssen immer zweie sein.

Journalismus

Jungvolk der Pythagoräer
hielt fünf Jahre sich im Schweigen.
Heut will jeder junge Kräher
alsogleich sein Stimmchen zeigen.

Immernoch!

Würdelos: dies mitternächtlich
überstürzte Rezensieren.
Schreiber, Leser gleich verächtlich,
wenn sie hier nicht protestieren.

Dachstuben-Stimmungen

Auf euren ganzen Kleinkram lach ich,
ein Philosoph, aus heitrer Höh.
Die kecksten Exkursionen mach ich
aus meinem vis-à-vis-de-Dieu.

————

Fünfzig Jahre hoff ich heiter
mich durch diese Welt zu dichten;
Zeit genug, mir eine Leiter
nach dem Himmel aufzurichten.
Scheid ich segnender Gebärde
einst von meinem lieben Volke –:
Meine Leiter bleibt der Erde,
doch mich selbst empfängt die Wolke.

————

Wach auf! dein Ziel ist in Gefahr!
Du gabst in bunten Träumerein
der Einsamkeit, was ihrer war –:
nun gib dem Leben auch, was sein.

————

Wir kommen so durch manche Schichten
von Menschen, wenn wir höher trachten.
Und das Ergebnis all der Sichten –
Lieben und Verachten.

Oder – um keinen zu richten –:
Lieben und Verzichten.

An den abgeschiedenen Genius meiner Mutter

Ich lag in Angst, du hieltst mein Haupt gebettet.
Ich sank in Tiefsinn, du hast mir gelächelt.
Ich wollt verglühn, du hast mich kühl gefächelt.
Ich wollt ertrinken, du hast mich gerettet.

Du, meine Mutter, in mir weiterlebend,
ein Genius, unsichtbar, an meiner Seite,
durchs Lebenswirrsal ewig treu Geleite,
Wegrichtung, Hilfe, Rat und Trost mir gebend.

———

Vor einer alten Wettertanne stand ich still,
bewundernd ihren mächtigen Wuchs und ruhige Kraft,
und wie mit einem Schlage schwand vor mir zu nichts
all unser eitel wichtigtuerisch Getrieb.

Talent – Genie

Talent: ein Gast am Tisch der Zeit.
Genie: hält selber Haus.
Den bücklingt Ihre Herrlichkeit,
der sie zur Tür hinaus.

———

Ich sage dir als tröstlich Wort,
wie eins aufs andre ist gestellt.
Denk einen Punkt des Ganzen fort,
du denkst dich selber aus der Welt.

An des Dichters andere Hälfte, den Leser

Wie wenn der Wind von fernen Dingen singt,
heut magst du ihn verstehn und morgen nicht,
so wehen unsre kargen Worte dir
des Lebens unbestimmten Duft hinüber.

Und heute schwillt dein Herz in Ahnung mit,
und unser Werk wird ihm von neuem Welt,
und morgen stehst du fremd und kalt vielleicht,
und vor dir liegt ein totes, stummes Lied.

An meinen Leser

War mir selten dein bewußt,
während ich geschrieben:
Reine, tiefe Bildnerlust
hat mich stets getrieben.

––––––––

Wie die Zeit dich rauher macht!
Eines Tages gibst du acht.

––––––––

Das ist die ewige Jugend aller Welt,
daß sie mit jedem neu geboren wird.

––––––––

Baust du dir ein eigen Haus,
forsch dich erst ein Jahr lang aus;
ob Holz, Stein, – Marmor gar,
was dich ausspricht wahr und klar;
und wenn du nicht genug Eignes hast,
geh verwandtem Geist zu Gast,
nur daß da sei erwägt, erwählt,

was da von dir der Welt erzählt,
daß d e i n Haus doch auch d e i n Haus sei,
und nicht nur leeres Einerlei.

––––––––

Die wir die Welt zum zweiten Male dichten,
wir lernen früh und gern auf viel verzichten.

––––––––

Vom Fleißigen ist immer viel zu lernen,
doch zu beseligen vermag nur Größe.

Einer Tochter

Behaupte dich,
sonst gedeihst du nimmer.
Es gilt Ich gegen Ich
überall und immer.

Nur die Kräftigen
schauen die Höhn –
was weinst du denn?
Ist das nicht s c h ö n ?

––––––––

Immer radelt, immer reist,
daß nur keiner bleibe;
strampelt euch das bisschen Geist
vollends aus dem Leibe!

Selig sind …

Selig sind die geistig Armen,
denn sie stecken nie die Nase
in den Brunnenschacht des Lebens
voll gefährlich gift'ger Gase.

Trinken oben aus dem Becken
fromm mit Ochs und Schaf zugleich.
Und dereinst, wenn sie sich strecken,
erben sie das Himmelreich.

————

Des Schwärmers schwimmend Augenblau
bleibt Trost und Kost so mancher Frau.
Und lächelnd spricht ihr Laut- und Stumm-Sein:
»Das ist ein Mann! Der kann noch dumm sein!«

————

Wir müßen es immer wieder verschlucken,
wie zwei Weiber einander begucken.
Wir sehn uns ja wohl auch mal an –
aber so schamlos blickt kein Mann.

————

Daß du dein Verlangen stillst,
tummle hier dich aus.
Hier ist ein leeres Kartenhaus –
mal es aus, wie du willst.

————

Das ist's ja: Wenn der Mann so weit gediehen,
daß er die Welt im Geiste überwunden,
dann sieht er, die er liebt, noch hülflos knien
vor den Altären seiner ersten Stunden.

Antisemiten

Werft doch die Maske von euch.
Es ist ja nicht Sem, den ihr meint.
Hinter dem Rassen- verbirgt
schlecht sich der Klassen-Haß nur.

Ich selber

Wahrhaft glücklich geboren.
In der Jugend halb Leben verloren.
Später den Rest mühsam beschworen.

———

Väterliche Kunst der Farbe
treu mit Worten weiter treibend,
daß das Herz nicht völlig darbe,
Unbeschreibliches beschreibend.

———

Das dank ich euch, ihr glücklichen Geschlechter,
aus denen ich mir Blut und Namen schreibe:
Daß ich im Lebenswirrsal sicher bleibe,
H u m o r , den Weltumfasser, Weltverächter.

———

Da gleicht mich der und jener Goethe,
weil Sonne mein Gedicht durchzieht;
so sagt ein Kind » d i e   M o r g e n r ö t e « ,
wenn es ein rosa Wölkchen sieht.

———

Wie mancher geht an Grübelnsqual zugrunde,
weil er gehangen an zu vielem Munde.

———

Sieh, das ist Lebenskunst:
Vom schweren Wahn
des Lebens
sich befrein,
fein hinzulächeln
übers große Muß.

Der Segler

»Sieh, wie steht das Boot so grad!«
Fährt's doch nun des Windes Pfad!

»Doch vorhin, wie lag's da schief!«
Weil's dem Wind entgegenlief.

Dir lieben Landratten im Geist
wißt eben nicht, was segeln heißt.

––––––––

Man sollte immerdar nur vorwärts schreiten,
nie rückwärts träumen und die Kraft erschlaffen,
niemals bereuen, immerdar nur schaffen
und schallend so dem Tode Land bestreiten.

Und nicht zu viel vergleichen. Überwissen
macht irre, lockt in Worten und Gebärden.
Es ward und wird so viel getan auf Erden.
Manch Edlen hat sein Ehrgeiz schon zerrissen.

––––––––

Sprich tausend schöpferische Werde –
mit »bäh« antwortet stets die Herde.

––––––––

Du denkst, nun sei es zu Ende getan –
da fängt dein Nachbar von vorne an.

————

Die großen Worte sind die Horte
des Nichtpersönlichen in dir;
wir halten sie für u n s r e Worte,
und unsre Dichtung wird – Papier.

————

Der Mensch: ein chemischer Prozeß.
Ein Wahrwort. Doch was wiegt's?
Gewiß »Prozeß«, – doch daß er des
selbst innewird, da liegt's.

————

»Die Welt!« Was soll das Angstgestöhn!
Wollt sie schön, so ist sie schön!
Im Schoß der Dinge liegt kein Schmerz.
Ihr seid ihr ruhlos pochend Herz.

Ihr fühlt die All- und Eingestalt,
Millionen ihr, millionenfalt.
Mit eurem Blut, wenn's steigt, wenn's fällt,
steigt, fällt zugleich die ganze Welt …

————

Der, dessen ganzer Zug
zum Interessanten nur,
er liebt mir nicht genug
die Fülle der Natur.

————

Das nennt ihr große Kunst?
Ich nenn es – große Brunst.

————

Ego, in summa.
Ein ehrlich Wollender, das ist gewiß; –
bemüht, mit dem, was ihm nun einmal ward,
sich recht und schlecht zum Bessern durchzuschlagen.

Totschweigen

Ihr Edlen schweigt? …
Die Wahrheit steigt
gen Himmel wie eine Lerche.
Ihr bringt sie nicht um;
steht noch so stumm
und stotzig in eurem Pferche!

Tragik der Kunst

Des sei dir, Lieber, stets bewusst
bei allen Künstler-Gaben:
Das Beste blieb in stiller Brust
verschlossen und begraben.

———

Wenn ich die Welt durchs Prisma meines Witzes
fallen lasse – wievielmal ihr Bild
gebrochen wird – oft weiß ich selbst es kaum.

———

Ihr karrt in ewig gleicher Spur
und narrt euch vor, dies sei Kultur.

Arithmetische Progression

Ein Paar Zeitungen
zwei Parteizungen.
Zwei Paar Zeitungen
vier Parteizungen usw.

Oligarchie – Ochlokratie

Derselbe Zirkel, sollt' ich meinen:
Die Lüge der Großen – die Lüge der Kleinen.

An ein Mädchen

Ich hab mich nicht in dir verlesen,
dein Wesen lag mir allzu hell;
du wärst ein frischer Trank gewesen,
doch nimmermehr ein Lebensquell.

Jüngling und Mann

Der Jüngling schwört es und der Mann vergißt es.
Der sagt: so soll es sein! und der: so ist es.

Der Gelehrte und Goethe

»Ich weiß, was er zu jeder Zeit gesagt,
doch mein Gewissen hat er nie geplagt.«

————————

Was berufst du dich auf Goethen,
selbstverliebter Larpurlar!
Kann dich doch ein Wort schon töten:
»Was fruchtbar ist, allein ist wahr.«

————————

L'art pour l'art, das heißt soviel:
Wir haben nur noch Kraft zum S p i e l .

———————

Der Übermensch ist schon kopiert,
wenn man das Dutzend nur chokiert.

Und suchst du einen Zeitvertreib,
so bist du auch schon Überweib.

Magisterfreuden

Germanen sieht man wenig an,
der Germanist ist heut der Mann;
wir andern können nur radebrechen,
er weiß alleinzig »deutsch« zu sprechen.

Und ob er auch nicht fähig ist,
ein armes Wörtlein selbst zu zeugen –
(der Germanist, m e i n Germanist)
er weiß, daß nichts so wonnig ist,
als – Schaffende zu beugen.

Der sparsame Dichter

»Willst du nicht Artikel schreiben?« –
Laßt's beim Epigramme bleiben.
Kann ich's euch in zehn Zeilen sagen,
was euch verwundert,
warum euch Honorar abjagen
für hundert.

Mit eurem Naturalismus

Mit eurem Naturalismus! Die ihr Hinz und Kunz
vor Hinz und Kunz hinstellt, daß Hinz und Kunz, gerührt,
in Hinz und Kunz sich wiedersieht und tiefernst ruft:
O Hinz, o Kunz, ja, ja, so sind Wir nun einmal!

So ist das Leben, Hinz! Ja, ja, das Schicksal, Kunz!
O über Uns! O Hinz, ergeht es Dir wie Mir?
daß Wir, o Kunz, Uns eigentlich erst jetzt erkannt?
Das ist's, das ist's! O Hinz, Wir wußten's ja gar nicht –
w a s in Uns steckte! – O welch g r o ß e , t i e f e K u n z t !

———

Ein jeder soll den Weg des andern achten,
wo zwei sich redlich zu vollenden trachten.

———

Was braucht ein Volk für Gönner?
Wahrheit-sagen-Könner.

———

Willst du ein wenig zur Wahrheit avancieren,
mußt du vor allem deine Wörter revidieren.
Just diese schöngeistigen Rodomontaden
tun der Wahrheit den größten Schaden.

———

Was die Menge beseelt
wider den großen Mann:
Daß er sie quält,
daß sie ihn nicht begreifen kann.

[Ein Spruch für seine Taschenuhr]

Ich maß Christian Morgenstern die Zeit.
Sein Leib war schwach, sein Geist war weit.
Wandrer, sei stets wie er – bereit.

————

Das Leben ist kein eitel Spiel
zu Freude oder Leide.
Das Leben ist sich selber Ziel.
Wie Quellen rinnen beide
an seiner ewig jungen Brust,
die wogt in allzu hoher Lust,
als dass sie prüfend scheide.

————

Ob auch der und jener pfeife,
rechn' ich doch auf Kranz und Schleife,
da's doch den meisten baß behagt,
wenn – ein andrer die Wahrheit sagt.

Ad »Galgenlieder« usw.

Ich habe die Welt zu Flugsand zerdacht,
doch könnt ich das Kind in mir nicht töten,
so hab ich es endlich kaum weiter gebracht
als zum Schnitzen von Weidenflöten.

An Tolstoi

Totengräber wärst du gerne
aller westlichen Kulturen.
Doch wir wandeln andre Spuren,
haben unsre eigne Ferne.

Und indes dein blind Verfemen
uns verstößt und unsre Ahnen,
ist die Größe des Germanen:
dich in sich – mit aufzunehmen.

Vor allem sind die Klassiker
mit Anmerkungen zu versehn
und Zahlen an den Seiten*,
dann wirst du sie erst verstehn.

Doch daß sie sich ganz erschließen,
so helle dir ferner fort
ein fachmännisch-gründlich Vor-, Bei-, Zu-, Mittel-**
und Hinterwort***.

Es ist nur eins, was dem Deutschen
im innersten Sinn widersteht:
eine Seite, die unbeanmerkt****
von oben bis unten geht*****.

Und lieber wäre ihm schließlich
kein Text als solch ein Text.
Er mag sie nicht, die Eichen,
um die kein Efeu wächst.

*   gemeint sind die Zeilenzahlen, ein für jede ersprießli-
      che Lektüre unschätzbares Hilfsmittel.
**   Vielleicht Vermittel-?
***   Hinterwort (Nachwort)
**** = ohne Anmerkung
***** Sehr wahr! Vortrefflich gegeben!

Der mittelmäßige Übersetzer rechtfertigt sich

Wähle saure Mienen
draußen oder daheim.
Du kannst nur e i n e m Herrn dienen,
dem Original oder dem Reim.

»So heb's in eine dritte Sphäre!« –
Als ob's dann noch das Alte wäre.

Laßt alle Überschätzungen.
So spricht der Gerechte:
Es gibt nur schlechte Übersetzungen
und weniger schlechte.

Dem Schaffenden

Vom zersetzenden Geiste
fürchte das meiste.
Ward sonst dein Geist nur hell und frei,
geh ihm vorbei –
und ob dein bester Freund es sei.

»Gründe«

Was fragst du ruhelos: Warum? –
und meinst den Fall verstanden:
Wenn sich mit Gummi sophisticum
er und dein »Wort« verbanden.

»Gründe« sind Talmudistenglück.
Wir ziehen uns auf das »Es« zurück
und selbst dies Es sei uns geschenkt
(wie Nietzsche einmal sagte: »denkt – …«)

Armselige Kultur, die nur sich selbst bespiegelt
und keiner Ferne Tore dir entriegelt.

———

Was siehst du links und rechts und ärgerst dich
am Nachbar. Ärgre dich doch besser an dir selbst.

———

Was mir »Patriotismus« ist?
Ein Gefühl, das zehn andre frißt.

I

Eines erhebt uns, eines vor allem:
Wenn im Palast der Parlamentarier,
wenn vom Gestühl der ernsten Rhetoren
    Heiterkeit aufschaut.

Wohl dem Geschlechte, das über jeden
Kinkerlitz lacht, es hat noch die Unschuld,
hat noch die Kraft, die sonst nur Barbaren
    ansteht und eignet!

II

Langsam und leise lächelt der Weise,
der innerlich Alte; kaum eine Falte
regt sich in Mienen, die nicht mehr dienen,
    Possen zu reißen.

Doch unsre Neuzeit ist eine Freuzeit
und ihre Jugend braucht keine Tugend.
Lustige Lache ist ihre Sache -
    Himmel voll Geigen.

———

O Staat! Wie tief dir alle Besten fluchen!
Du bist kein Ziel. Der Mensch muß weiter suchen.

———————

Ich kann's, ich kann's nicht mehr ertragen,
dies artige, geleckte Sagen,
dies kluge Reden, süße Blicken –
dies Lachen, Rufen, Köpfenicken.

Dies Wörter- und Gedankenschniegeln,
dies eitle Sich-im-Nachbar-Spiegeln,
dies ganze falsche, hohle Treiben –
Nein, laßt uns bei uns selber bleiben.

Den Gesellschaftsnarren

Ihr lebt, wie's euch der Kodex vorschreibt,
und damit lebt ihr überhaupt nicht.
Ich bin ein Mensch, der auf sein Tor schreibt:
Der Mann hier folgt nicht, front nicht, glaubt nicht.

———————

Ich liebe die Furche des eilenden Schiffes,
die lange gescheitelte Straße des Kieles.
Sie ist wie der Pfad des enteilenden Tages,
sie ist wie die Spur des durchmessenen Lebens.

———————

»Ich möchte durch dein Fernglas schaun, Papa –«
»Da nimm. Du wirst zuletzt nur selbst dich sehn, –
wenn es ein Fernglas ist …« »Mich selbst?« »Ja, ja.«

———————

Wer liebte nicht zu schweigen, wer einmal
den Grund erkannt, draus die Gedanken steigen.
Und wiederum: Kein Wissen macht uns schweigen.
Wir schweigen, Freund, nur weil uns Rede Qual.

———————

Es gibt Unterschiede
und soll sie geben.
Nur kein fauler Friede.
Lieber kein Leben.

———————

Hast du was zu sagen –
so bist du der Rechte.
»Ich habe zu sagen …
daß ich auch mitzählen möchte.«

———————

Man kennt die Welt. Was knorzt man herum:
»Ach hätt' ich doch ein Publikum!«?

———————

Bescheidenheit ist ein Leiden,
damit es oft seltsam ergeht.
Man wird zuletzt so bescheiden,
daß man wirklich fast nichts mehr »versteht«.

———————

Ist auch alles nur Theater,
jeder dünkt sich doch Gottvater,
und vielleicht (fehlt nur ein Haar)
– i s t er's sogar.

———————

Nichts trauriger, als wenn die Mittel fehlen,
sich immer mehr und besser zu beseelen.

———————

Was kann ein Gastfreund Beßres sagen
als: Ich fühlte mich daheim.
Schenkt nun auch als Gegenreim:
Wir haben ihn wie uns ertragen.

Dichterbekanntschaft

»Zu Haus in meiner Träume Welt,
wie hab ich ihn mir vorgestellt!
Doch ach, wie ganz betrog ich mich:
Der Esel sieht ja aus wie ich.«

————

Du willst, daß man mit dir empfinde,
so geh zum Narren und zum Kinde.

————

Wie trifft man oft, vom Schaffen heiß,
auf Hundeschnauzen, kalt wie Eis,
verliert so Jugend wie Gewalt
und wird in zehn Minuten – alt.

————

Er war ein Pantoffel und stank am Ofen.
Sie nannten ihn einen Philosophen.

————

Ihr preist die Kraft und grollt doch jeder Tat,
ihr weder Fleisch noch Fisch, ihr – Kopf-Salat!

————

Die Schönheit, deren Herz nicht Wahrheit heißt, ist tot.
Und käme sie mit Gold und Purpur überhäuft,
ihr Aug ist stier und leer; denn sie ist tot.
Und setztest du ihr diamantne Kronen auf –
ein armes Kind, mit einer Hand voll Blumen, rührt
sie an, und sie zerfällt, denn sie ist tot.

————

Gütig ist die schönste Form von gut,
so wie warm vielleicht die schönste Form von licht.
»Jenseits von gut« – so spricht wohl kühner Mut,
»jenseits von gütig« nicht.

———

Sieh her, mein Kind, und lerne diese Zweiheit:
den Hang zur Güte und den Drang zur Freiheit.

———

Dies seine Art in allem Wiederfinden,
was man vollbringt im Guten wie im Bösen;
dies sich aus seinem Tun und Lassen lösen –
O welche F l u t von schwankendem Empfinden.

———

Was wir nicht sind, verleumden wir zu gern;
dies üble Fieber bleib mir ewig fern.

———

Nichts trostloser als ein Humor,
den man aus Humorlosem kitzelt.
Die Welt ward zu Tode gewitzelt
und trister denn je zuvor.

———

O Wahrheit, im Gemeinplatz eingepackt –
herab das Wurstpapier. Ha – welch ein Akt!

———

Sie schreiben (nun ist alles zu erwarten)
sich gegenseitig – Ansichtspostkarten!

———

Schlachtfelder sind wir allesamt,
auf denen Götter sich bekriegen.

———

Nur keinen Schutzzoll
in geistigen Sachen,
nur sich's nicht bequem machen,
sondern sich einsetzen.

————

So hat sich's mir als wahr erwiesen:
Wer nicht genießt, kann nicht genießen.

————

Wozu dies viele Sichbespiegeln, –
als könnt' ein Mensch sich je entsiegeln.

————

Laßt mich einsam sein.
Was Wert hat, überfällt mich nur allein.

————

Wie sehr dein Geist das Volk auch überragt,
die Kunst zu leben scheint dir ganz versagt.

————

Halt unter Schlüssel
Wirken und Leben.
Jedem Schweinsrüssel
bist du sonst preisgegeben.

————

Du magst mich schlagen, wenn's dich freuen kann,
zusammenhaun mich wie mit nacktem Schwert;
mein Eintagsteil ist deinen Faustschlag wert,
doch was darüber, blickt dich schweigend an.

————

Lehrer Tod,
der du die Menschen lehrst,
ihren Trotz durch Not
zur Einsicht kehrst –.

Richter Tod,
vor dir gilt kein Gefecht –
du bist weise, und
du bist gerecht.

Pantheistisch

Die Motte stürzt verfolgt vom Gotte
und ist doch selbst von Gott ein Stück;
so trinkt zugleich er Lebensglück
und Todesleid, – Gott-Mensch, Gott-Motte.

Der Künstler

Laß dich nicht nach Menschenweise
an den Tanz der Dinge binden.
Sprich: Verwirrt mir nicht die Kreise!
Alles andre wird sich finden.

Spruch vor Tisch

Erde, die uns dies gebracht,
Sonne, die es reif gemacht, -
liebe Sonne, liebe Erde,
euer nie vergessen werde!

———

Es gibt ein ganzes Heer von Dingen,
die alle singen wollen, singen.
Was Wunder, wenn solch heil'ger Sache
ich mich, als Mensch, zum Anwalt mache?

———

Lasset uns einander lieben,
und da heißt es auch einander hassen;
nur wenn wir uns streng ins Auge fassen,
wird der finstre Wahnsinn einst uns lassen,
der uns auseinander einst getrieben.

———

O Scham oft, tiefste Schande, Mensch zu sein,
Mitmensch von Geier, Büffel, Fuchs und Schwein.

———

Was ist ein Mensch doch ohne Macht!
Ein Narr, den alle Welt verlacht.

———

Sei Mensch mir, denn siehe, du wärst nicht, der du bist,
wenn nicht der Mensch so wäre, wie er ist.

———

Unselbständige Form? – Dem selbst selbständig Gewordnen
steht zu freiem Gebrauch alte wie jegliche Form.

Die beiden Denker

Sprach ein reicher Mann da kürzlich
von der Fülle seiner Sorgen:
»An so vieles muss ich denken,
wie Sie sich nicht denken können.«

»Ich«, entgegnete der Dichter,
»bin des vielen Denkens längst schon
überhoben, denn ich denke
längst nur noch an den – Revolver.«

Selbstgespräche

O, ihr wisst wundergut, was Leben heißt.
Ihr ehlicht, zeugt, genießt, arbeitet, sterbt.
Wie ein Gesetz ist euch das vorgekeilt,
und ihr erfüllt's.

Ich Ungewisser Geist,
ich hab noch immer leben nicht gelernt,
mir bleibt das Leben ewig fremd und neu.
Ich hab zu viel zerdacht, zu viel entthront.

———

Mein Hang,
nur ja nie ein zu stolzes Wort zu sagen,
hat redescheu gemacht mein halbes Denken.

———

Ich habe von den klügsten Fraun vernommen:
»Mein Herr, wo kann man wohl Ihr Buch bekommen?«
Beim Kaufmann, weiß man, gibt's Zibeben.
Allein – wo mag's nur Bücher geben?

Dem Gewimmel der Registraturen

Wert hat nur das Dokument,
aber nicht das der Person,
nicht das eines Hinz, Kunz, Cohn,
sondern weil ein M e n s c h hier brennt.

———

Es ist der Maßstab, der den Rang bestimmt.
Wie leicht, wie schwer ein Geist die Dinge nimmt.
Hier ist ein Mensch, der nicht zu wägen weiß,
und drum gehört er nicht in eines hohen Lebens Kreis.

———————

Lieber Freund, begreife ...
der Mensch ist eine Seife,
die das Schicksal verwäscht.

———————

Wo viel Genie, wird Windes Spiel.
Euch ist schon, was ihr seht, zu v i e l.

———————

Noch liegt die Sonnenspur auf meinen Gliedern,
und wieder schon muß Krankheit mich erniedern.

———————

Der Kunst Geheimnis hältst du bald am Kragen:
Hab was zu sagen, und du wirst es sagen.

———————

Hoffnung? Warum hoffen.
Steht die Bahn nicht offen
zu weit mehr?

———————

Möge das als niedrig gelten:
Was man nicht vermag, zu schelten.

———————

So klein der Winkel,
so groß der Dünkel.

———————

O Ehe,
du freier Männer Wehe!
Wo man spricht von Käs' und Brot,
und einst schlug man den Lindwurm tot.

Innenlandschaft

Mit rechter Seelenwärme
verfolg' ich sein Beginnen –
er zeichnet mein Gedärme
von innen.

Der Buchschmuck

Des Schnörkels Welt langweilte sich zu Tode.
Da ging sie hin und ward als – Buchschmuck Mode.

»Wortkunst«

Gestatte, daß ich Eurer »Wortkunst« lache.
Was, »Wortkunst«! Dichtung ist des Dichters Sache.

————

Die »Jugend« war einst unverschämt zu mir.
Die Jugend? Ja, die Jugend aus Papier.

————

Den Schiffer prägt sein Leben,
er ward aus einem Guß;
der Städter wirkt daneben
wie ein Homunkulus.

————

Hier ist ein Strom,
willst du ihn haben, Welt?
Dumm steht's herum,
gut, dumm und ohne Arg.
Dumm lächelt's, gut und dumm –
und s o voll »Recht«.
Da tritt in einem schlimmen Augenblick
der Strom zurück.
Ein Herz steht still –
nichts weiter.

Der Allzubeschäftigte

Unendlich viel geschah,
just da
ich Mensch gewesen.
– Und was geschah von dir?
Von mir?
Das, was geschah, zu lesen.

Rat aus eigner Erfahrung

Du mußt, mein lieber Freund, erst einmal Narr werden,
erst einmal machen, daß die Mienen starr werden,
dann wird man sich vielleicht dazu bequemen,
auch was du Ernstes schreibst, zur Hand zu nehmen.

Nietzsche an die Zeit

O Zeit, o Zeit, o Zeit, die sich und mich verliert!
Die mich, den Sturm, nicht spürt, nur mich, den Wurm,
seziert!

An meinen Vater

Du bist so oft bei mir in meinen Träumen –
um wachend dann mein Leben zu versäumen.

––––––––

Von wenigen erkannt in meiner Weise,
so geh ich durch die Menge lächelnd, leise.
Sie wird mein Wesen schon einmal erraffen,
und daß ich ihr zur F r e u d e ward geschaffen.

––––––––

Wer weiß, was ich will,
der hält mir still,
der läßt sich schelten,
nicht mich's entgelten,
der pfaucht nicht krumm –
der setzt mich um.

––––––––

Wohl eignen Jammers Furchtbarkeit empfindest du,
doch fühlst du auch die Furchtbarkeit der Welt?

––––––––

Was ich möchte im Guten und Bösen:
Recht viele Menschen zur Freiheit erlösen.

––––––––

Alles ist von Wichtigkeit,
alles ist nicht gar so wichtig.
Hier die rechte Sichtigkeit,
und du wandelst richtig.

––––––––

Und Notwendigkeit
ist auch nur Kleid.

––––––––

Ein Verallgemeinern
ist oft ein Verkleinern.

————————

Es ist der Mensch ein wunderlich Gericht,
an dem nicht nur der Magen zu verderben.
Der Mensch ist giftig, wußtest du das nicht?
Bist du nicht giftfest, mußt du an ihm sterben.

————————

Die meisten Menschen scheinen Menschen bloß,
nur Träumer sind's, Gefangene im Schoß.

————————

Jeden Feind hat doppelt Quartier,
eins bei sich und eins bei dir.

————————

Was willst du wissen, über wen ich lache?
Vielleicht am meisten über den, der lacht.

————————

Morgens ein Kristallkelch voll Gefunkels,
abends lustlos, ein Gefäß des Dunkels.

Ergeiz des Sorgenreicheren

Ihr kennt wohl nicht den Haß aufs i,
die Wut aufs ei, ihr guten Leute,
ihr wurdet nie des Ekels Beute,
weil euch die Sprache a's nur lieh?

Ihr klagt ob »andrer Dinge« sehr,
d. h. ob andrer minus dieser,
d. h. – gestattet – (noch präziser),
ob w e n i g e r als ich, nicht m e h r .

————————

Zur Pflanze kehr Ich immerdar zurück.
sie ist der Born, aus dem ich immer wieder tauche,
sie ist, so wild ich Mich im Kampf um Mich verbrauche.
Mein unverlierbar Teil an Glück.

Ein Rezensent an den Dichter

Der Dichter soll, was s e i n , betreiben,
nichts andres wünscht sein Rezensent;
und zwar, was er sein sein benennt,
soll, meint er, sein sein sein und bleiben.

Du also üb dein Konterfeispiel
von Berg und Baum und weiter nichts,
doch tritt uns nie zu nah (zum Beispiel),
denn sieh, am übrigen gebricht's.

———————

Ich muß Gefühl erst werden und Verstand:
Durch sie erst werd ich mit Mir selbst bekannt.

Kinder, Tiere, Pflanzen –
da ist die Welt noch im Ganzen.

———————

Ein andres ist dein Dich-Sehen-Wollen,
an andres ist dein Geschehen-Sollen;
und sähst du deine Gottheit aller Enden,
du müßtest doch als Mensch dein Los vollenden.

———————

Ihr machtet Gott und Teufel einst zu zwein.
Wer wär' Ich, wär' Ich beides nicht allein!

———————

255

Ein Fass von Wissen, wirst du mich »entwirren«,
du kluger Tor, und doch nur irren, irren.

————————

Wer still spaziert im eignen Garten,
mag zehn, mag zwanzig Jahre warten,
eh draußen in der Menschen Kreis
ein andrer wirklich von ihm weiß.

————————

O Tod, so nimm denn dies mein Leben hin!
Dein Sinn ist tief; dein Sinn ist stets Mein Sinn.

Dies Lämpchen hat getan, was es vermocht;
die Flamme hüpft auf einen neuen Docht.

Husarenfieber

Ich kam aus solchen edlen Stücken nie,
ohn' daß ich zu mir sprach: Dies also ist
so Fabrikat wie Kost der Bourgeoisie;
dies macht sie und genießt sie; also: Mist.

An jeden, den's angeht

Ich weiß, wie der Gesellschaft Mühle klappert;
da kommt der Einkehr Geist kaum zu Gehör.
Es ward ja auch nicht nur so hingeplappert:
das Wort vom Reichen und vom Nadelöhr.

————————

Das geht an dich und mich und jeden:
Mehr sein, weniger reden,
weniger sagen, fragen, klagen,
mehr die Wärme nach innen schlagen;
unsere Zungen in Züchten halten,
nicht immer die ewig alten
Sätze und Plätze wiederkäuen,
Phrasen und Fratzen in allem scheuen;
langsam prüfen, sich gern bescheiden,
alles schnelle Vorurteil meiden;
uns genügen im Unentbehrlichen,
uns vereinfachen, uns verehrlichen,
e i n s vom Kinder- zum Greisenleben:
w e i s e , w e i s e zu werden streben.

Der Buchschmuck

Was soll mir dieser blöde Schnörkelkohl?
»Ich bin der UCHSCHMUCK, Esel; wirst du wohl!«

———

Das malt mit einem Strich dies ganze Heute:
Die Stimmungsmacherei der kleinen Leute.

———

Vergebt, wenn manchen manches hart hier trifft,
mein Pfeil s o l l treffen, doch er trägt k e i n G i f t .

An einen Verleger[1]

Ein Diomedes scheinst du, nachgeboren,
du fütterst deine Pferde mit Autoren.
Mit mir, gerecht zu sein, war's freilich umgekehrt:
mir opfertest du mindestens e i n Pferd.

————

Überall bin ich allein
wie ein Stein,
der in ein Spiel nicht recht paßt,
überall bin ich Gast,
nirgends ganz dein –
Welt –

————

Aus mir kam mir mein Erlebnis,
das mich stark macht und zerbricht.
Nein, ein äußeres Begebnis
formte dieses Leben nicht.

Krankheit, Armut, Liebessachen
halfen wahrlich treu genug,
doch sie waren nur ein Nachen,
der ein Schicksal zielwärts trug.

————

Ich habe mich zu halten nie gewußt,
ich lebte ohne rechte Zucht so hin –
und fand trotz allem einen Lebenssinn,
zu groß für einer M e n s c h h e i t Riesenbrust.

————

---

1 Gemeint ist Bruno Cassirer, dt. Verleger, Galerist, Pferdezüchter, 1872-
1941. Morgenstern publizierte im Verlag Cassirer seit 1903 und war dort
als Lektor tätig.

Wer wär ich, wüsst ich mein Wohin
und könnte sagen, wo ich ende;
ich weiß nur, dass ich Wandrer bin
und wandernd meinen Tag verschwende.

Ihr, ins Gewand der Pflicht geschient,
ihr mögt, ihr müsst den feindlich messen,
der hat, was ihr entbehrt, und dessen,
was ihr besitzt, sich dreist bedient.

Die Überzeugten

Sie sitzen alle auf Stühlen
mit wohlgedrechselten Beinen.
Sie nennen das ihr Meinen,
sie nennen das ihr Fühlen.

———————

Ein Wort verdamm' ich schonungslos zur Hölle:
das Wörtlein »nett«, gebraucht an falscher Stelle.

Zu der Erkenntnistheorie

Etwas sagen, hat wenig Sinn
und wenn es das Tiefste wäre.
Ein Buch ist nur eine Fähre,
doch wer sitzt drin?

———————

Und magst du alle Worte auch verbrennen,
du mußt dich endlich doch zum W o r t bekennen.

———————

Du kannst keinen Großen mehr ruhig verehren,
mußt dich zugleich seiner Narren erwehren.

An ein Chinesisches Teekännchen

Bist du auch kein Kunstwerk noch,
machst du doch mich Künstler froh:
Bist du aus dem Lande doch
des Li Tai-po!

Und ein täglich schmeichelnd Pfand,
daß dein Volk im Werktagskreis
(anders als mein Vaterland)
um Schönheit weiß.

Auf einen Heimgegangenen

Er ging in den großen Nebel hinein,
man sah ihn noch lange schreiten.
Bis er zuletzt als wie ein Schein
zerfloß nach allen Seiten.

————

Man sieht den Nächsten, ach, so gerne groß
und macht sich klein und aller Tugend bloß.
Doch selten, fand ich, kommt der Nächste und
verschließt dem Sichverkleinerer den Mund.
Ich lobe mir den Freund, der wachsen macht.
Vor trocknen Seelen nimm dich, Herz, in acht!

Auf einen Dichter

Doch blieb er auch ein Ringer bloß,
er bleibt doch noch beinahe groß,
er rang, er sang nicht, doch er rang,
und »rang« ist Rang und gibt a u c h   K l a n g !

Handle originell!

Laß dir nie den Mut verwirren:
Ich k a n n schaffen, ich d a r f schaffen!
Laß dich doch die ewigen Affen
der Vergangenheit nicht irren!

———

Was euch Geschichte heißt, ist mir ein Spott.
Es gibt nur dich und mich – und Wir sind: Gott.

———

Damit ist euch die Maske abgerissen:
Ihr könnt nicht handeln – darum müßt ihr wissen.

———

Nur wem's gebricht am ew'gen innern Lichte,
nur der geht hin und lernt aus der Geschichte.

———

Das ist der Schmerz, den ich erfleht,
nach dem ich ausgezogen war
durch all die Zeiten, Jahr um Jahr
mit meinem trotzigen Gebet.

———

Wer den Teufel nie geliebt,
weiß freilich nicht, daß es ihn gibt.

———

Wovor ihr euch bekreuzigt, auch die Freisten,
es soll mich nun und nimmermehr entgeisten.
Ich will nicht mit in eurer Ordnung stehn,
ich will die Welt mit größerm Auge sehn,
mit einem Blick, dem gut und bös nichts gilt
und dessen Freiheitsdurst kein Wort-Kelch stillt,

der, was ihr immer urteln mögt, verachtet
als Eintagsspuk, der ihn umsonst umnachtet.
Ich habe keinen Ernst mit euch gemein.
Sagt, was ihr wollt, mit Legionen Zungen -
durch eure Mitte schrei' ich unbezwungen,
mit meinem Ernst auf Ewigkeit – allein.

Endurteil

Ein Vollendeter, ein Vollendeter!
spricht vielleicht der Menge Mund.
Ein Verschwendeter, ein Verschwendeter!
hallt's zurück aus Grabesgrund.

————————

Die Blume der Dinge …
die Blume der Dinge …
sie ist nicht zu essen –
sie ist nicht zu trinken –
sie ist nur zu atmen.
Die Blume der Dinge …
die Blume der Dinge …

Wohl dem, der so stark ist.
daß – er – dies – nicht – fühlt.

————————

Entgöttlichung heißt Entpersönlichung,
also Weltvergewöhnlichung.

————————

Ordnung und Klarheit – schöne, gute Dinge,
wiewohl ich nie im Zweifel war:
Die Welt ist (mindestens in manchem Sinne)
sowenig »ordentlich« wie »klar«.

————————

Nur wer den Menschen liebt, wird ihn verstehn,
wer ihn verachtet, ihn nicht einmal – sehn.

————

Es soll des Menschen Bildnis wachsen,
und alles andre gilt mir nichts.

————

Ich liebe nicht, die »selbstverständlich« sagen,
wenn Tiefstes man vor ihrem Blick entzaudert,
von selbst versteht sich nichts, was wahrhaft eigen.

Doch freilich, wer von seinem Abgrund plaudert,
der muß auch, daß man ihn be-plaudert, tragen.
Zerriß er selber doch zuerst sein Schweigen.

————

Daß einer immerdar vom andern lerne –
wohlan! Doch – uns genießen? Das sei ferne.

————

Und immer tiefer wühlst du dich hinein
ins Leben, daß du Blut zutage schürfest,
und ringst mit immer schmerzlicherer Pein;
daß du des Fühlens Würfel höher würfest.

————

Dies sollt ihr endlich lernen,
dies wird euch von vielem entfernen:
Wir sind ein S t e r n unter S t e r n e n.

————

Einsam fahr ich auf der Erde
durch den Weltenraum dahin,
grüßt mich menschliche Geberde,
hat es doch nur halben Sinn.

————

263

Grau in grau der Abend,
rot in rot der Morgen.
Seele, wo ist Wahrheit!

Rot in rot der Abend,
grau in grau der Morgen.
W a s ist Wahrheit, Seele!!

Im Sturm

Im Sturm, da gibt es nicht mehr dies und das,
nicht mehrerlei, nicht zweierlei, der Sturm
hat e i n e Möglichkeit nur, s i c h , den Sturm.

————

Erdnacht ist schwer und dunkel, Wertnacht nicht.
Ja, jene Nacht ist Nacht, doch diese – Licht.

————

Wie ich euch schmecke, kümmert mich nicht viel.
Daß ihr euch schärfer schmecket, ist mein Ziel.

Nicht Mund! Nicht Herz! Ihr sollt (nur das tut not)
euch in mir s p i e g e l n ! War ich auch nur – Kot.

————

Alle werdet ihr mich verlassen, alle …
Fremd, so werd ich euch werden, wie ein Frevler –
mehr noch, wie ein Tor, wie ein kranker Vogel,
den man stumm bedauert, geduldig hinnimmt …
Alle werdet ihr mich verlassen, alle.

Auf einen ernsten Gelehrten

Nichts Schöneres als eine ernste Seele,
die, was sie schaut, gelassen andern spiegelt
und alle Kraft, die reich ihr innewohnt,
allein ins Leuchten dieses Spiegels legt.

Wiederkäuer

Zuerst erlebt der Mensch, dann käut er's durch,
erlebt im Durchkäun Neues, käut dies wieder,
und so in infinitum, »käut« sich so
allmählich durch, das göttliche Kamel.

————————

Dies ist ein Lebenswort:
Wir werden nur immerfort.

————————

Hundert Mittelmäßigkeiten
üben sich am Einmal-Großen.

Dem Salon der Abgewiesenen

Laßt das trübe Schmollen sein,
denn das ist der Kasus eben:
Nicht die Krebse nur allein –
auch die Scheren wollen leben!

————————

Was sinkst so scheu in dich,
denkst wenig oder viel?
Denk nichts, nur eins, mein Ziel:
Ich wart auf – mich.

————————

Dummer Sonderstolz,
schwinde doch!
Bist am grünen Holz
ja nur Rinde doch.

———————

Mag dir dies und das geschehn,
lerne still darüber stehn,
sieh dir selber schweigend zu,
bis das wilde Herz in Ruh,
bis, so fest, es, angeblickt,
sein gewahr wird – und erschrickt.

»Dichter«

Wir reden unsre Not heraus. Wohlan.
Der F e i n e r e – schweigt, ja zürnt. Doch, spürt er dann,
wie hier ein Mensch ihm tiefstes – E i g n e s zeigt,
so dankt er doch. Und zwar just, weil – er schweigt.

———————

Das Blut des Tieres,
    von dem du issest:
nun spricht aus dir es
    und du vergissest

des Geistes Flügel,
    die in dir schlafen
und dünkst am Hügel
    dich schon im Hafen.

An meine Taschenuhr

Du schlimme Uhr, du gehst mir viel zu schnell;
und doch – dich schauend, seh ich selber hell.
Unschuldig Räderwerk, was schelt ich dich?
Ich geh zu langsam, ach zu langsam – ich.

———

Sprich, was jagst du dahin, immer dem Glück, immer der
Stunde nach!
Wenn nichts anders, fällt tödliches Grauen, tödliche Öde
nicht hin und wieder dich an, siehst du der Welt ewig sich
gleiches Spiel?
War dies, was du geträumt, ahnenden Sturms heiliger Ju-
gend voll –

Spruch

Was wärst du, Wind,
wenn du nicht Bäume hättest
zu durchbrausen;
was wärst du, Geist,
wenn du nicht Leiber hättest,
drin zu hausen!

All Leben will Widerstand.
All Licht will Trübe.
All Wehen will Stamm und Wand,
daß es sich dran übe.

———

Wir, viele, mußten Finsternis erdulden,
auf daß das Licht in uns zum Adler würde,
wir mußten uns erst tief mit Welt durchschulden ...

———

Was jetzt Sehnsucht ist, wird Wille,
was jetzt Wille, wird einst Kraft
nach der großen, reichen Stille.

Kraft, die das Gewollte schafft,
Wille, der aus diesem Schaffen
abermals uns weiter rafft.

————

Manchmal kann ich euch erkennen
als wie Flammen, welche brennen
voll verborgner Leidenschaft,
als wie Flammen, die sich recken
durch des Eintags Nebeldecken
mit verzehrerischer Kraft.

————

Wer Lebendiges will verstehn,
muß ins Land des Todes gehn.

Vor einem zur Schlachtbank geführten Kalbe

Leben wird zu Tod geführt,
ohne daß das Herz sich rührt,
   Mensch!

Freilich, schlachtest noch dich selbst,
wie du auch die Stirne wölbst,
   Christ!

Bis die Kreatur d i r schreit,
o wie weit noch, o wie weit,
   Gott!

————

In deiner Liebe
hoff ich zu finden,
was überwinden
mich im Getriebe
läßt von Dämonen,
die in mir wohnen.

Dem Nebenmenschen

Wie kann ich glücklich sein,
wenn DU nicht glücklich bist,
du Welt voll Harm und Pein,

(wie oft in Frost und Zwist
mein schwaches Herz auch dein
in deiner Not vergißt!)

An eine Fliege

»Du bist zu oft der wundersame Trost
von Eingekerkerten gewesen«,
so denk ich, wenn dein Treiben mich erbost.

———

Auf a folgt b, auf c folgt d -
so möchtest Welt du deklinieren,
doch diese Welt, o wohl, o weh,
sie geht derweil, bei Gott, – spazieren.

———

Ihr werdet mit Dogmatikfuchsen
den Lauf der Welt nicht überluchsen;
sie ist, zu nichts für euch verpflichtet,
ein Werk, von A bis Z – gedichtet.

———

Ja, die Natur! Dächtet ihr nur gebührlich!
War sie Natur, wenn nicht – über-natürlich?

————

Aus der karg gefüllten Schale unsres Herzens
laßt uns Liebe schöpfen, wo nur einer Seele
Schale leer steht und nach Liebe dürstet.

Nicht versiegen drum wird unsre Schale,
steigen wird die so geschöpfte Flut, nicht fallen,
Fülle wird das Los des so verschwenderischen Herzens.

————

Frömmigkeit der Nacht,
segne mir die Schwelle,
da mich Himmelshelle
nur entschwinden macht.

————

Wie vieles wird zu jeder Frist verhütet –
bedachten wir schon einmal dies zu Ende?
Wie viel geschieht nicht, was geschehen könnte!

————

Du bist zu eng in dich gebannt,
verlerne dich, sieh ab von dir.
Stadt, werde Land!

Laß alles in dir untergehn
was Burg und Bürgersinn.
Wo Erd und All zusammengehn,
da schaue hin.

————

Du mußt den Blick ins Weite kehren,
von deinem engen eignen Wesen.
Die Weite muß die Enge lehren.

Du mußt am Leid der Welt genesen.
Zum Leid des Gottes mußt du kommen
und mußt in Seinem Antlitz lesen –

und aller Gram wird dir genommen.

An –

Du bist der Zarteste der Zarten,
da sich in deiner Wesenheit
die Bürger zweier Welten paarten.

————

Es will der Mensch von außen haben,
was ihm allein von innen kommen kann,
statt auszubilden eingeborne Gaben.

————

Sprich du zu mir, mein höher Du!
Ich will mich ganz in dich verhören.

————

Niemanden hassen,
jeden belassen
in seinem Wesen,
in jedem lesen
die e w i g e Meinung,
das macht genesen
zum Allumfassen,
zur Allvereinung.

Aphorismen

In me ipsum[2]

> Was ist denn von außen her über dein Leben
> zu wissen und zu sagen!
> Gar nichts.

1891

Wie? könnte ich mir nicht wie Goethe seine Gefühlsüberschwenglichkeit und Wertherstimmung meine krankhafte Anschauung der a b s o l u t e s t e n Notwendigkeit von der Seele schreiben?

Nicht im lärmenden Kampf der Tage, auch nicht im Sturm einer großen Zeit, aber nach Jahrtausenden stiller Arbeit, nach Äonen ewig fortwirkenden Webens – dann werden die Menschen gut werden.
O, wer diesen Glauben, der mir Gewißheit ist, in allen Augenblicken seines Strebens im Herzen lebendig fühlte, er würde glücklich sein.

1892

Individualität verbittert und verdüstert, zuletzt hat sie mich tödlich gelangweilt.
Wenn ich trotzdem ein halbwegs vernünftiger Mensch zu werden hoffe, so habe ich das neben einer angeborenen, dem Nachdenken zugeneigten Gemütsanlage vor allem denen zu danken, die mich liebgehabt haben und -haben – meinen Eltern und meinen Freunden.

---

2   »an mich selbst« bzw. »über mich selbst«

Ich bin ein Studienkopf, den der Schöpfer einst flüchtig skiz-
zierte, als ihm ein Künstlerporträt im Sinne lag.

1893

Wie ich gestern Abend zu Bett gegangen war und das Licht
ausgelöscht hatte, überkam mich plötzlich, während mein
Geist an dies und jenes dachte, eine aufs höchste beängstigen-
de Verwunderung über mich selber. Das wunderbare Ge-
heimnis des Denkens bedrückte mich. Ich erhob mich über
mich selber, ich sah meinen Körper im Bett liegen, mit ge-
schlossenen Augen, im dunklen Zimmer.
Und ich sagte mir: In diesem Kopfe da denkt es! Da entste-
hen und verdrängen sich in blitzschneller Aufeinanderfolge
und Durchkreuzung zahllose Gedankenreihen und Einzelge-
danken. Mein Kopf kam mir wie eine große, stumme Werk-
statt vor, in der unzählige Gesellen lautlos geschäftig arbeite-
ten. Ich hatte jeden Gesellen fest im Auge, und wenn ich ei-
nen loben oder tadeln wollte, so sprang auf meinen stummen
Augenwink ein Obergeselle hervor und tat nach meinem
Willen. Das waren die reflektierenden Gedanken. Ich kam
mir vor wie ein Kaiser, der seine Truppe vorbeidefilieren läßt.
Die Schwadronen stoben vorüber und jeder einzelne sah
mich an und grüßte mit dem Säbel. Und eilende Ordonnan-
zen flogen auf meinen Wink und sprachen die Kritik aus, die
sie mir von den Augen abgelesen hatten. Und sie sagten: »Der
Feldherr ist unzufrieden« oder »Seht, wie heiter er blickt« …
Mein Kopf erschien mir ein Kaleidoskop. Und ich sah hinein,
wie ein Kind in sein Spielzeug, und schüttelte es, daß die bun-
ten Glassplitter sich zu tausenderlei merkwürdigen Kombina-
tionen zusammenfügten. Und endlich war es mir so: Ich
dünkte mich der unendliche Weltgeist und mein Körper, der
unter mir lag, spiegelte sich in mir. Er erschien mir wie ein
Stück Natur, und ich faßte ihn auf. An sich schien er mir
nichts: durch mich nur, in Beziehung auf mich. Ich war die

geistige Luft, in der die Gedanken, die er gebar, schwingen und Ton werden konnten. Ich war aber auch zugleich das Ohr, das sie vernahm und der Mund, der sie zurückgab.
Ist der Mensch ein Zwiegespräch zwischen dem Weltgeist und der Materie?

1894

Ich möchte nicht leben, wenn I c h nicht lebte.

Humoristisches Werk im tiefsten Sinne. Gewaltiger Kampf zwischen dem tiefsten Leid des Lebens und dem Jasagen zum Leben. So recht ein Dokument einer großen, aufsteigenden Periode. Ein durch den unendlichsten Schmerz jubelndes Jasagen zu dieser Welt –

1895

Ich selbst: Meine Zusammensetzung.

Möchte gern noch oft erwachen, stets als großer Künstler.

Es gibt nur eine Rettung: Vor dem Ekel muß man sich durch L a c h e n schützen.

Oberster Grundsatz für all meine Satiren: E i s e r n e G e - r e c h t i g k e i t .

Ich – Satiriker? Etwas mehr Unerschrockenheit, wenn ich bitten darf.

Wenn ich mal in den Himmel kommen sollte, würde ich mir vom lieben Gott Kriminalromane ausbitten, um die Langeweile am besten zu vertreiben.

Was ist mein Einzelschicksal, wenn ich recht die große Tragik alles Lebens betrachte!

So wie ich hier mein Ich ins Meer werfe, damit es mir wiederkomme aus dem Meere, so werfe ich mein Herz in meine Zeit, damit es zum Herzen mir – wird –.

1896

Ich sehe auf mich selbst zurück. Unzählige Gestalten huschen schemenhaft an mir vorüber.

Ausgraben will ich meiner Seele Schacht.

Daß ich nie in meinem Leben eine Schwester gehabt habe! Kein fremdes Weib kann dem Bruder ein solches Verhältnis ersetzen.

Ich habe noch nie eine Phantasie gehabt, die nicht eine – wenn auch noch so verborgene – Nabelschnur zur Wirklichkeit gehabt hätte.

Nichts ist mir mehr verhaßt als Feierlichkeit ohne Tiefe.

Man lasse sich durch meine Ironie nicht irreführen. Meine Ironie ist naiv wie mein Pathos. Ich vermag Unglaubliches ironisch zu sagen, ohne eine Spur von frivoler Empfindung …, ja vielleicht schrieb ich es mit ernsthaftester Miene, ohne ein andres Lachen als das eines in sich heiteren, unbewegten Geistes.

Wenn mir einmal die Stimmung andauerte, vier Wochen lang Prosa schreiben zu können, hätten die Deutschen einen humoristischen Schriftsteller mehr.

Ich bin ein Mensch der Grenze. Immer physisch, psychisch, moralisch, künstlerisch mit einem Fuß absturzdisponiert, aber doch immer noch balancierend und geistesgegenwärtig.

Mein Hang zu philosophischem Nachdenken beruht auf der einfachen Grundlage, daß ich in jedem Augenblick über das kleinste Stück Natur irgendwelcher Art in höchste Verwunderung geraten kann.

Was ist ein Leben? Daß es die Tiefen erschöpfen könnte. Als Knabe glaubte ich: Leben könne nicht weniger sein als a l - l e s erleben, also ewig l i e b e n .

Dies ist mir oft ein dumpfer Schmerz: dies Gebanntsein in e i n e n Kopf, in e i n Herz, in e i n Augenpaar.

Traum. Ich fange das Raubvogelgesindel meiner häßlichen Gedanken und brate sie am Spieß, der über einem Feuer sich dreht.

NATUR

1905

Gebell eines »Achtung«-Hundes:
Nervosität durch Geschrei von Kindern
Argwohn, es könnte auf ihn gemünzt sein (monoman)
Gefahr! (Furcht, Wut, Anspannung)
Beschimpfung (da nichts erfolgt)
Selbstgerechter Ärger (mehr monologisch)
Mitteilungsgefühl (Klatschbedürfnis)
        (er teilt die Sache der Außenwelt mit)
Quittungen über vieles
Rivalität $\left.\right\}$ mit andren Hunden
Solidarität
Grundloser Unwille
Katzenjammer, der sich zu betäuben sucht.

1906

Ich habe heute ein paar Blumen für dich n i c h t gepflückt,
um dir ihr – Leben mitzubringen.

Es ist mit Landschaften wie mit Menschen, man lernt sie nie
aus. Jeder und jede vermögen unter Umständen alle Phasen
von der ärmlichsten Häßlichkeit bis zur lebensvollsten Schön-
heit zu durchlaufen.

Es ist eine wunderliche Empfindung, senkrecht in die Erde zu
unsern Füßen hineinzudenken. Man kommt nicht weit, die
Phantasie erstickt buchstäblich.

Merkwürdig, zu fühlen, wie man auf diesem seinem Erdbo-
den nicht viel anders festgehalten wird, als jene kleinen Saug-
näpfchen aus Gummi, die man an die Wand preßt, um Uh-
ren und Schlüssel dran aufzuhängen.

1908

Ich glaube, wer blind wäre, könnte die Pflanzen viel besser
verstehen.

Kunst

1895

Wir müssen recht viel Schönheit anschauen, damit wir selber
schön werden.

Man muß sich an die Schönheit verlieren können, sonst ge-
winnt man sie nie. Und immer besser, sich zu viel, zu oft zu

verlieren als zu wenig, zu selten. Und immer besser, sich zehnmal mit seiner Liebe zu ihr zu irren, als sie einmal nicht zu sehen, als sie einmal zu »verwechseln«.

1897

Die »Geschmäcker« sind nicht verschieden, sondern es gibt nur einen Geschmack, nämlich den guten.

Ziel: Bei höchster Kompliziertheit höchste Einfachheit. Vergleiche das Leben selbst, den Menschen.

Die Zangen und Hammer, womit man ein heftig glühendes Gefühl zum Kunstwerk umschmiedet, müssen kalt und hart sein.

1901

Man sollte lieber mit feiner Kunst ehrenvoll sterben wollen, als mit grober siegen.

1903

Es gibt vielleicht keine glücklichere Manier, als alle Dinge vom Standpunkt des Malers aus zu betrachten.

1905

Als ein wesentliches Merkmal der Menschen möchte ich ihre ethische wie ästhetische Anspruchslosigkeit bezeichnen.

1908

Nirgends kann das Leben so roh wirken wie konfrontiert mit edler Musik.

LITERATUR

1894

Vor nichts hüte der Dichter sich mehr als vor dem Kokettieren.

1895

Die beste Art von Glossen kann man leider nicht schreiben: die bestehen in Schnalzlauten, in Pusten, in Handbewegungen, Gesichtsverrenkungen und dergleichen.

Wir Dichter. Eine Epistel der Selbsterkenntnis. Popularisierer der Philosophie. Stehler überall, Verkleider, Schneider, Lügner, Hineinsteigerer.

Ein jeder trägt ein Kind in seiner Seele, das soll einst werden, was er selbst nicht werden konnte.

1896

Es ist eigentlich eine Ungerechtigkeit, daß der Dichter nicht – gleich dem Musiker – den Teilen seiner Werke hinzufügen darf, in welchem Tempo er sie genommen wissen will.

1897

Goethe, der ewig Bauende, Ordnende, Heilende, Weg-Weisende.

1904

Gespräch über die russischen Schriftsteller. Ich liebe diese Schriftsteller, es sind wohl eigentlich die meinigen. Sie haben jene vollkommene Liebe zu jeder Art von Mensch, um die ich selber nicht herumkomme, wenn ich wirklich das Beste bin, was ich sein kann. Sie haben nichts von diesem schrankenhaft Starren, dem man bei uns so oft begegnet und bleiben dabei doch ebenso Persönlichkeiten wie wir. Wenn man ihnen eine Weile zugehört hat, wird man innerlich reiner, gütiger, williger, schamhafter – ein Dostojewski rührt in solchen Tiefen an uns, daß wir lange unter seinem Bann gehen und die Welt mit weniger abgestumpften und ungewohnten Blicken betrachten.

1905

Jedem, der seine Gedanken niederlegt, blickt schon im Augenblick des Schreibens ein Größerer über die Schulter, sei es ein Vergangener, Lebendiger oder noch Ungeborener. Wohl dem, der diesen Blick fühlt: Er wird sich nie wichtiger nehmen, als ein geistiger Mensch sich nehmen darf.

1906

Zu Dostojewski. Aus seinen Büchern findet man schwer wieder nach Westeuropa zurück.

1907

Über etwas schreiben heißt, sich mit etwas überschreiben.

Humor ist äußerste Freiheit des Geistes. Wahrer Humor ist immer souverän.

1910

Tolstoi war ein Protest des höheren Menschen wider den Menschen, wie er gemeinhin heut noch ist. Tolstoi wollte nur ganz einfache, simple Dinge. Dinge, die sich eigentlich von selbst verstehen, – für jeden anständigen Menschen.

1912

Über jedem guten Buche muss das Gesicht des Lesers von Zeit zu Zeit hell werden. Die Sonne innerer Heiterkeit muss sich zuweilen von Seele zu Seele grüßen, dann ist auch im schwierigsten Falle vieles in Ordnung.

1913

Schriftstellerei ist heute vielfach nicht wichtiger zu nehmen, als daß, sagen wir, heute jedermann Kakao trinken kann, während es früher nur die Reichen konnten.

Alle Liebe zu Tolstoi wird doch nur eine andere Liebe noch steigern: die zu – Dostojewski.

THEATER

1904

Merkwürdiger Druckfehler in einer Anmerkung zur Überset-
zung Montaignescher Essays von W. Dyhrenfurth: Sichau-
spieler (Sich-Ausspieler) statt Schauspieler.

1905

Wer sich mit der Materie einläßt, wird von ihr erschlagen.
(Ad Reinhardts Dekorationskampf.)

1906

Kein Dramatiker kann wissen, was ein Schauspieler aus sei-
nen Worten machen wird. Er mag sie so einfach setzen, wie
er will – dieser wird sie vielleicht ganz in Leidenschaft tau-
chen und so gerade ihren feinsten Gehalt verändern: er mag
sie so leidenschaftlich gemeint haben, wie er mag, dieser wird
vielleicht nie im Leben bis zur Schwelle wahrer innerlicher
Hingerissenheit gelangt sein. Der Schauspieler ist der Räuber-
künstler par excellence. Aber oft auch ist der Räuber größer
als der Beraubte und der Schatz des Wanderers erst wunder-
voll, wenn, der ihn erschlug, damit zu abenteuern beginnt.

1910

Der wird das Drama der Gegenwart schreiben, der in die ei-
ne Hand die Vergangenheit, in die andre die Zukunft nimmt.

SPRACHE

1895

Das Wort ist ein Hut, den das Bewußtsein auf den nackten Ge-
danken setzt, und »es« sagt dazu: So, nun lauf hinaus, Junge.

Definitionen. Philister – viel ist er – viel liest er – wie liest er!

1897

Worte und Sätze sind Windlauf und Wellengänge auf einem
Meere, dessen Tiefe uns den Verstand rauben würde, wenn
wir sie uns vorzustellen wagten.

Viel schlimmer als alle Hiatusse und meine eigentlichen Fein-
de sind gleiche aus- und anlautende Konsonanten wie – tt –, –
dd –,
– ss – etc.
oder …
d/t, d/t, d/t / mit nach innen gezogenem Atem Ausdruck des
Verdrusses, der Verwunderung, verbunden mit Kopfschüt-
teln. Parodistisch zu verwenden.

1898

Ein Lexikon, eine Sammlung wie tote Schmetterlinge aufge-
steckter Wörter.

Das bittere, gepreßte »ne jamais«,
das stolze, trauervolle »aldrig aldrig«,
das leidenschaftlich klagende, tränenreiche »merci«,
das kurze »nimmer« und das tiefe »nie«,
das mildere »niemals«.

1901

Die gewöhnlichen Menschen machen die gewöhnlichen Wörterbücher. Man findet viel darin; aber gerade die bezeichnendsten, die intimsten Wörter einer Sprache fehlen fast durchweg. Höchstens trifft man einmal dies oder jenes als Kuriosität aufgeführt, mit der Bemerkung: veraltet oder: ungebräuchlich oder: am besten zu vermeiden.

1906

Es gibt gewisse Ausdrucksweisen von seltener, distanzierter Schönheit und Vornehmheit, die nur zwischen dem fremden Sie und dem vertrauten Du möglich sind: in jenem köstlichsten Zwischenstadium aufblühender Liebe, wo das Herz schon Du sagt und der Mund noch Sie.

1907

Beim Dialekt fängt die gesprochene Sprache erst an.

Ich mag Worte wie gleichwohl oder immerhin gern leiden, denn sie erlauben, nach etwas Abfälligem noch eine Menge Anerkennendes zu sagen.

Das arme Mädchen war ganz und gar aus Phrasen zusammengesetzt. Ich habe keinen Satz von ihr gehört, der nicht aus einem verschluckten Buche abgelesen zu sein schien.

Der österreichische Dialekt ist darum so hübsch, weil die Rede beständig zwischen Sichgehenlassen und Sichzusammennehmen hin und her spielt. Er gestattet damit einen durch nichts anderes ersetzbaren Reichtum der Stimmungswiedergabe.

Gewöhnen wir uns den Superlativismus ab. Schreiben wir nicht mehr geehrtest, ergebenst, achtungsvollst, herzlichst und schönst. Schließen wir nicht mit tausend Grüßen, sondern mit gar keinem; denn ein Brief, der den Namen verdient, ist doch an sich schon der Gruß. Umarmen wir uns auch nicht mehr brieflich – ich rede natürlich hier stets nur vom Briefwechsel unter Männern –; denn wenn ich schreibe: ich umarme Dich, so male ich damit ein Bild, so wird durch die Niederschrift aus einer im Leben spontanen Handlung eine starre Pose. Seien wir nicht so gedankenlos gerade in Herzenssachen.

Die meisten Menschen sprechen nicht, zitieren nur. Man könnte ruhig fast alles, was sie sagen, in Anführungsstriche setzen; denn es ist überkommen, nicht im Augenblick des Entstehens geboren.

Statt sehr geehrter Herr! könnte man doch viel einfacher schreiben: 5 e! Und statt hochachtungsvoll: 2 o.

1908

Welch ein Unterfangen, sich hinter Worten verstecken zu wollen! Man ist ja – diese Worte selbst.

GINGGANZ ist einfach ein deutsches Wort für I d e o l o g e .

Zitate sind Eis für jede Stimmung.

Es gibt gar keine Worte, die bloß Worte wären. Sondern jedes Wort ist von vornherein ein – höchst individuelles – U r - t e i l . Man glaubt, a sei gleich a. Eine vollkommene Ungeheuerlichkeit.

Wer konversiert, der s p r i c h t nicht.

1909

Mit jedem Worte wachsen wir.

Wie eigentümlich ähneln sich Schwyzerdütsch und Norwegisch!

Wie ist jede – aber auch jede – Sprache schön, wenn in ihr nicht nur geschwätzt, sondern gesagt wird.

POLITISCHES, SOZIALES

1894

Mancher Mensch gleicht einer Bahn, deren Gleis an den Hinterseiten der Häuser vorübergeleitet ist. Er sieht auf seinem Lebenswege ewig nur die Kehrseite des Lebens.

1895

Es müßte Zeitungen geben, die immer gerade das mitteilen und betonen, was augenblicklich nicht ist. Z. B.: Keine Cholera! Kein Krieg! Keine Revolution! Keine schlechte Ernte! Keine neue Steuer! und dergleichen.
Die Freude über die Abwesenheit großer Übel würde die Menschen fröhlicher und zur Ertragung der gegenwärtigen tauglicher machen.
Oder wie wär's, wenn jeder allmorgendlich selbst solche fröhliche Zeitung brächte?

Richter sind Durchschnittsmenschen. Alles, was über dem Durchschnitt ist, ist eigentlich Verbrechen, Überhebung, unerlaubt, Unrecht.

1901

Die Menschheit bekommt manchmal Anfälle von Zärtlichkeit gegen sich selbst.

1902

Ich sehe durchs Fenster einen Strauch, vom Winde gepeitscht. Ich bemerke zum erstenmal sein Dasein, sein Leben, seine Schönheit.
Ist es mit einem Volke nicht ebenso? Tritt es nicht erst ins Gesicht des Betrachters, wenn es der Sturm großer Schicksale schüttelt?

1903

Freiheit ist nur bei der kleinen Armut oder bei den Milliarden. Die Million macht nur befangen.

1904

Es ist etwas ganz Eigentümliches, wie verschieden die Menschen verschiedener Erdstriche ihre Zäune bauen. Ich erinnere mich z. B. bei Berlin keines einzigen mir zusagenden Zaunes; es gibt andere, die mich zu Tränen rühren können, wie die Steinzäune des Tessin …

1905

Eine der schönsten und symptomatischesten russischen Sitten ist die Anrede beim Vornamen. Eine ganze Welt von Zopfigkeit liegt in unserem Herr, Fräulein, gnädige Frau.

Es müßte Anekdotenerzähler geben, die durch die Kranken-
häuser gingen. Eine gute Anekdote ist ein wahres Lebenseli-
xier. Ich glaube, ein Sterbender müßte noch lächeln, wenn er
von dem französischen Landedelmann hörte, der sich nicht
genug verwundern konnte, als er erfuhr, daß er sein Leben
lang Prosa gesprochen hätte.

1907

Einen Krieg beginnen heißt nichts weiter, als einen Knoten
zerhauen, statt ihn auflösen.

Manche Leute müssen über ihre Dummheit durchaus öffent-
lich quittieren.

Wann wird es endlich nur noch e i n e Nation geben, näm-
lich die der anständigen Menschen?

1908

Ich sehe auf Reisen fast alle meine Bekannten wieder. Denn
es gibt nur etwa hundert Typen in dem Milieu, in dem ich
aufgewachsen, und sie sind immer und überall. Und oftmals
rede ich einen Menschen an, aber es ist nur der mir vertraute
Typus, nicht das bekannte Individuum selber.

Deutschland, der große Lyriker unter den Völkern.

1909

Die »bessere« Gesellschaft ist die eigentlich und im tiefsten
Sinne unwissende und ungebildete.

1912

Wenn jemand gegen etwas vorgeht, so geht er nicht gegen das ganze Etwas: denn das sieht er dann gar nicht mehr. Sondern er sieht dann nur noch das »rote Tuch« in dem Etwas. Nie wird gegen »etwas« vorgegangen, immer nur gegen rotes Tuch. Und wenn zwei Völker gegeneinander ziehen, so stürzt ein jedes bloß gegen rotes Tuch: denn wie könnte ein Volk wider ein andres Volk sein, wenn nicht die Helden vom roten Tuch wären, wenn nicht unaufhörlich von hüben und drüben auf rotes Tuch aufmerksam gemacht würde, so daß die Völker, die armen Stiere, zuletzt wild werden und einander anrennen.

KRITIK DER ZEIT

1894

Theorie und Praxis. Wirst du so grausam sein und je ein Tier beim Fressen stören, sagte der humane Herr Guhterl, da zerdrückte er einen Floh, der auf seinem Finger dinieren wollte.

1895

Müdes Denken: alles verstrickt an die Vergangenheit, eine Masche im Netz, vor dir, hinter dir, alles geknotet nach ewigem Gesetz.

1897

Kirche: Gotteskäfige, Gefühlsöfen.

Der Journalist. Die Fähigkeit, in jedem Moment moralisch umzusatteln.

1906

Die meisten Menschen sind nur bemalte Puppen. Oder: erwachsen geschminkte und gekleidete Kinder.

Der Tag ist abgegriffen, laßt uns in den Morgen zurücksteigen.

1910

Das Tier hat in Europa keinen Anwalt, außer wo es sich um Objekte des Nutzens oder der Liebhaberei handelt. Dies wird sich jedoch eines Tages ändern, und die Tieresserei und Vivisektion werden als das erkannt werden, was sie sind: Kannibalismus und schwarze Magie.

Die Psychologie ohne Psyche ist das Brett vor der Stirn unserer Zeit.

1913

Harmonie ist eines der gefährlichsten Deckwörter für »sich Abfinden«, »kein Gerede sein lassen«, »sich arrangieren«.

ETHISCHES

1889

Ohne Streben kein Erfolg, ohne Feuer kein Brand.

1891

Wenn wir über einen Mitmenschen ein Verdammungsurteil aussprechen, so bedenken wir nicht, dass seine Schuld unendlich klein ist im Verhältnis zu den tausend sichtbaren und unsichtbaren Umständen, die diese Schuld herbeiführten.

Die Menschenverachtung ist für den nachdenkenden Geist nur die erste Stufe zur Menschenliebe.

1892

Was uns allen zumeist fehlt, ist das tiefe, dauernde Bewußtsein des wirklichen Elends auf Erden, sonst würden wir über den Gefühlen einerseits des Mitleids, andrerseits des Dankes ganz der kleinlichen Misere des eigenen Lebens vergessen.

1895

Alles kann ich verzeihen – nur nicht Mangel an Stolz.

1896

Und immer wieder komme ich darauf zurück, daß die Bewertung der geschlechtlichen Liebe unter uns Heutigen eine krankhafte Höhe erreicht hat, von der wir durchaus wieder heruntersteigen müssen.

1897

Leben heißt tausend Umwege zum Tode machen. Halt: ich will erst einmal essen – und trinken – und lieben – und arbeiten – und schauen – und ein Haus bauen usw.

Wie ist Vertrauen doch schön! Ein Kind läßt sich von einem Erdgeschoßfenster aus in die Arme eines Knaben fallen. –

1904

Zum Thema Egoismus. Wir lieben nur die Bilder von allem, als etwas in uns selbst, nie das andre selbst.

Hinter die Oberfläche der Menschen sehen, hinter das »Persönliche«, das Leben selbst in ihnen lieben.

1905

Es gibt keine unleidlichere Gewohnheit, als das sogenannte Nötigen bei Tische. Dieses ewige Zureden in einer höchst untergeordneten Sache, die jeder mit sich selbst abzumachen hat, sollte unter Menschen, die auf sich halten, verpönt sein.

1906

Ich meine, es müßte einmal ein sehr großer Schmerz über die Menschen kommen, wenn sie erkennen, daß sie sich nicht geliebt haben, wie sie sich hätten lieben können.

1907

Enthusiasmus ist das schönste Wort der Erde.

Bemerke, wie die Tiere Gras und Kraut abrupfen. So groß ihre Mäuler auch sein mögen, sie tun der Pflanze selbst nichts zuleide, entwurzeln sie niemals. So handle auch der starke Mensch gegen alles, was Natur heißt, sein eigenes Geschlecht voran. Er verstehe die Kunst, vom Leben zu nehmen, ohne ihm zu schaden.

Beim Menschen ist kein Ding unmöglich im Schlimmen wie im Guten.

1909

Solange du um etwas nicht weißt, bist du unschuldig; sobald du aber um etwas weißt und doch gegen dein Wissen handelst, bist du schuldig.

Wir sollten immer nur charakterisieren wollen, nie kritisieren.

Wenn der moderne Gebildete die Tiere, deren er sich als Nahrung bedient, selbst töten müßte, würde die Anzahl der Pflanzenesser ins Ungemessene steigen.

1910

Der Welt Schlüssel heißt Demut. Ohne ihn ist alles Klopfen, Horchen, Spähen umsonst.

Der Nenner, auf den heute alles gebracht wird, ist Egoismus, noch nicht – Liebe.

Man sollte nie ohne Abschied voneinander gehen. Denn weiß man, ob man sich – als diese Persönlichkeiten – wieder begegnet?

1912

Der Mensch wird im allgemeinen unterschätzt.

LEBENSWEISHEIT

1894

Diese Berge! rief eines Abends ein Hügel dem andern zu. Wie verächtlich sie auf uns niederschauen!
Sie haben deine Worte gehört! erwiderte der andre leise. Siehst du, wie sie erröten? Sie schämen sich ihrer Überhebung.

1895

Mit allem Großen ist es wie mit dem Sturm. Der Schwache verflucht ihn mit jedem Atemzug, der Starke stellt sich mit Lust dahin, wo's am heftigsten weht.

Der Himmel ist groß, es ist immer etwas Blau zu finden.

Es gibt Menschen, denen man schnell bis in eine gewisse Nähe kommt: dann aber bleibt es stehen.

1897

Es gibt Menschen, die wie zu schnell gehende Uhren immer der Zeit vorauseilen: wer sich nach ihnen richtet, kommt überall zu früh.

Wir sind a l l e Träume unserer selbst. – Das Leben ein Traum – urälteste Weisheit.

Vielleicht ist das Lachen ein Sonnenstrahl, der von außen auf uns fällt.

1898

Alles ist rund. Der Tag, die Erde, das Denken. Einer meiner ältesten Gedanken ist, daß man – die Sehkraft der Augen ins Unendliche gedacht – seinen eigenen Rücken müßte sehen können.

1901

Wenn du die Welt an jedem Tag nicht neu erobern willst, verlierst du sie von Tag zu Tage mehr.

1902

Die Dinge kommen nicht zu dir; ein jedes hat seinen Kalvarienberg, den du hinaufrutschen mußt …

1905

Das ist meine allerschlimmste Erfahrung: Der Schmerz macht die meisten Menschen nicht groß, sondern klein.

1906

Weisheit ist eine Sache des Temperaments, darum kann man Weisheit nicht lehren, nur zeugen.

Jeder Mensch ist ein Austrag zweier anderer.

1908

Jeder muß sich selbst austrinken wie einen Kelch.

Jede gründliche Erfahrung muß mit eignem Leben bezahlt werden – und fremdem.

Was du andern zufügst, das fügst du dir zu.

1909

Die Hälfte allen Unglücks – vom gröbsten bis zum feinsten – geht auf Unwissenheit oder Denkfehler zurück, gewollte und ungewollte Ungeistigkeit.

Geben und Nehmen, ein Gesetz aller Entwickelung.

Der Weise verzichtet auf alles, worauf sich irgend verzichten läßt; denn er weiß, daß jedes Ding eine Wolke von Unfrieden um sich hat.

Genuß kann unmöglich das Ziel des Lebens sein. Genuß ohne etwas darüber ist etwas Gemeines.

Lesen können – darauf läuft schließlich alles hinaus.

Überall dem Selbstverständlichen zum Wort verhelfen – das ist ein großes Geheimnis.

1910

Wer den Nächsten nicht versteht, muß wohl zur Fernstenliebe greifen.

Vorsicht und Mißtrauen sind gute Dinge, nur sind auch ihnen gegenüber Vorsicht und Mißtrauen nötig.

1911

Von hundert, die von »Menge«, von »Herde« reden, gehören neunundneunzig selbst dazu.

1912

Das von selbst Verständliche wird gemeinhin am gründlichsten vergessen und am seltensten getan.

1913

In vielen Fällen wäre der gerade Weg der kürzeste – zum Verderben.

Nur in Versuchung immer wieder fallend, erheben wir uns.

Lachen und Lächeln sind Tor und Pforte, durch die viel Gutes in den Menschen hineinhuschen kann.

ERZIEHUNG, SELBSTERZIEHUNG

1895

Auch das: Alles willkommen, was uns erhöht.

1896

Man müßte sein Ich nicht immer mit sich identifizieren, sondern wie eine Mutter ihr Kind behandeln.

Umschnalle dein Herz mit Schweigen.

1897

Faß das Leben immer als Kunstwerk.

1905

Wir b r a u c h e n nicht so fortzuleben, wie wir gestern gelebt haben. Macht euch nur von dieser Anschauung los, und tausend Möglichkeiten laden uns zu neuem Leben ein.

Wenn man zum Leben ja sagt und das Leben selber sagt zu einem nein, so muß man auch zu diesem Nein ja sagen.

Jeden Tag seines Lebens eine feine kleine Bemerkung einfangen – wäre schon genug für ein Leben.

Höher als alles Vielwissen stelle ich die stete Selbstkontrolle, die absolute Skepsis gegen sich selbst.

1906

Nur im Fluß bleiben, nur nicht zur Spinne eines Gedankens werden.

Sei mit dir nie zufrieden, außer etwa episodisch, so daß deine Zufriedenheit nur dazu dient, dich zu neuer Unzufriedenheit zu stärken.

1907

Übung ist alles, und insofern ist Genie Charakter.

Immer vor sich selbst in Wahrheit leben, das ist die Hauptsache. Sich nicht unter- aber auch nie über-schätzen.

Jeder muß seinen Mann haben, der ihm über die Schulter sieht, und dieser wieder seinen und so fort. Das ist nur gut und billig; so allein kommt der Mensch vorwärts. Sich immer am Leben korrigieren.

1908

Von sich zurückzutreten wie ein Maler von seinem Bilde – wer das vermöchte!

Nichts (bedeutend Begonnenes) abbrechen. Allem, wie Goethe sagt, eine F o l g e geben.

1912

Sich bewußt ausweiten. Von Gegensatz zu Gegensatz gehen. Vom Ersten bis zum Letzten und umgekehrt. Keinen und nichts vergessen, übersehen, gering achten.

Habe die Gabe der Unbestechlichkeit. So sehr auch Liebe für dich Partei ergreifen mag: dein Sein gilt, nicht dein Schein.

1913

Sieh an, wie ein Zweirad in Bewegung und Fahrt gesetzt wird. Wenn du deinen Willen so in Bewegung und Fahrt zu setzen vermagst, so wirst du nach einigen Schwankungen wie ein Meister im Sattel sitzen.

PSYCHOLOGISCHES

1891

Nicht da ist man daheim, wo man seinen Wohnsitz hat, sondern wo man verstanden wird.

Ich halte es nicht für das größte Glück, einen Menschen ganz enträtselt zu haben, ein größeres noch ist, bei dem, den wir lieben, immer neue Tiefen zu entdecken, die uns immer mehr die Unergründlichkeit seiner Natur nach ihrer göttlichen Seite hin offenbaren.

1894

Unten am Fenster ging Meta vorüber. Mein Herz klopfte hörbar. Es klopfte so heftig, daß ich unwillkürlich »Herein!« sagte. Und das Tor meiner Traumwelt tat sich ein ganz klein wenig auf und herein schlüpfte: die Liebe.

1896

Das ist ein äußerst merkwürdiges Gefühl, wenn man sich frühmorgens Gesicht und Kopf abreibt und sich dabei vorstellt: nun hast du deine Gedanken mit gewaschen und abgetrocknet.

1897

Es ist schön, zu denken, daß so viele Menschen heilig sind in den Augen derer, die sie lieben.

Es gibt kaum eine größere Enttäuschung, als wenn du mit einer recht großen Freude im Herzen zu gleichgültigen Menschen kommst.

Es gibt Menschen, deren einmalige Berührung mit uns für immer den Stachel in uns zurückläßt, ihrer Achtung und Freundschaft wert zu bleiben.

1903

Das Kennenlernen einer neuen Stadt, Rom z. B., ist wie der Anfang einer Liebschaft. Die ersten zwei, vier, sechs Wochen entdeckt und erfährt man mit jedem Tage etwas Neues, endlich läßt der Reiz nach, man gewöhnt sich aneinander, man hat sich lieb oder nicht lieb in einem mehr gemäßigten Sinne.

1905

Es gibt Menschen, die sich immer angegriffen wähnen, wenn jemand eine Meinung ausspricht.

Mir macht es oft Mühe, deine Gedanken zu denken, aber du wirst niemals meine Empfindungen haben.

1906

Die meisten Menschen verdunsten einem wie ein Wassertropfen in der flachen Hand.

Der Dieb. Er aß mit seinen Augen eine Wurst.

Wenn dich jemand »vollkommen versteht«, sei gewiß, daß dich niemand vollkommener mißversteht.

Einander kennenlernen heißt lernen, wie fremd man einander ist.

Es ist gut, daß wir Spiegel haben. Daß wir für gewöhnlich unsere eigene Miene nicht sehen, ist eines der unheimlichsten Dinge, die es gibt.

Man verliebt sich oft nur in einen Zustand des andern, in seine Heiterkeit oder in seine Schwermut. Schwindet dieser Zustand dann, so ist damit auch der feine besondere Reiz jenes Menschen geschwunden. Daher die vielen Enttäuschungen.

1907

Es gibt nichts Sinnverwirrenderes, als eines Tages zu entdecken, daß man als der und der lebt.

Es ist eines der merkwürdigsten Dinge der Welt, daß man eine Seite und mehr lesen kann und dabei an ganz etwas anderes denken.

Den seelischen Wert einer Frau erkennst du daran, wie sie zu altern versteht und wie sie sich im Alter darstellt.

Man hat nie nur einen Grund zu einer Handlung, sondern hundert und tausend.

Phantasie ist ein Göttergeschenk, aber Mangel an Phantasie auch. Ich behaupte, ohne diesen Mangel würde die Menschheit den Mut zum Weiterexistieren längst verloren haben.

1909

Wer sich überhebt, verrät, daß er noch nicht genug nachgedacht hat.

Manche Menschen treiben leicht ab. Unversehens sind sie anderswo, als wo man sie haben will, als wo sie sich selbst haben wollen.

1910

Solange das Tier noch gegessen wird, solange wird es seinen Esser auch besitzen. Auge um Auge, Zahn um Zahn. Oder glaubt man wirklich, es sei keine Beziehung zwischen der Dummheit des Kalbes, der Kuh, des Ochsen und der ihrer Verzehrer, es übertrage der Hammel, das Schwein, der Fisch usw. nicht ganz besondere psychische Hemmungen oder Reize?

Es gibt nichts Schwereres, als einen Menschen, den man liebt, einen Weg gehen lassen zu müssen, der zur nächsten Stadt führt, statt auf den nächsten Gipfel.

1913

Es gibt Naturen, die für sich allein stundenlang mit ihren Freunden und Bekannten reden, während ihnen in deren Gegenwart jeder Gesprächsstoff entfallen ist.

ERKENNEN

1891

Man muß – soweit dies möglich ist – alles aus eigner An-
schauung kennenlernen, um darüber ein eignes Urteil abge-
ben zu können. Ein auf Überlieferung gegründetes Urteil ist
in den meisten Fällen überhaupt kein Urteil.

1894

Der Mensch tränkt die ganze Welt mit seinem Geiste wie ei-
nen Schwamm, und dann drückt er diesen Schwamm wieder
aus und berauscht sich am Wein seines eigenen Geistes.

1895

Hinz und Kunz, die alles selbstverständlich finden.

1896

Der Mensch ist ein in einem Spiegelkerker Gefangener.

1897

Gedanken wollen oft wie Kinder und Hunde, daß man mit
ihnen im Freien spazierengeht.

Die Straßen gehen alle hinaus in die Ewigkeit.

1902

Urteile sind oft wie schnell abwärts sausende Schlitten: Sie nehmen den Weg im Ganzen, ohne sich bei Einzelheiten aufzuhalten.

Lebendiger Irrtum ist besser als tote Wahrheit.

1905

Man sieht oft etwas hundertmal, tausendmal, ehe man es zum allerersten Male wirklich s i e h t .

Die Menschen haben sich daran gewöhnt, von hinten nach vorn statt von vorn nach hinten zu denken.

Ein jeder sollte erst seine Grenzen anzugeben suchen, soweit er sie selbst erkennen kann, um darauf um so freier und unbefangener seine Beobachtungen und Meinungen niederzulegen.

1906

Wenn ich Menschen sehe, sehe ich überall Bedürfnisse herumstehen. Oder: mehr oder minder zivilisierten Hunger. Man könnte sagen: Gott ist Hunger in unendlicher Form. Die Welt ist ein Tier mit unzähligen Organen.

Nur im vorbereiteten Herzen kann ein neuer Gedanke Wurzel fassen und groß werden. Sich vorbereiten, sich zubereiten, den Acker lockern für das beste Korn, ist alles.

1907

Sei nur Skeptiker, es gibt keinen besseren Weg als den fort-
während Zweifeins. Denn nur, wer die Relativität jeder
Meinung eingesehen hat, sieht zuletzt auch die Relativität
dieser Einsicht ein – und schwingt sich endlich vom letzten
Erdenwort in – sich selbst zurück.

Alles Denken ist wesentlich optimistisch. Der vollendete Pes-
simist würde verstummen und – sterben.

Man muß Pessimismus und Optimismus als »Stimmungen«
hinter sich lassen, wenn man, obzwar erkenntnislos, aber von
allen Seiten umwittert, den Pfad der Wirklichkeit wandelt.

1909

Jeder Menschenkopf ist eine Sonne und seine Gedanken sind
die überall hindringenden unsichtbaren Strahlen. Könnten
wir sie, wie bei der Sonne, mit unseren leiblichen Augen
schauen, so würden sie uns in ihrer Gesamtheit erscheinen
wie ein großer Lichtkreis, an dessen Ausdehnung und Leucht-
kraft leicht zu erkennen wäre, einen Stern wievielter Größe
wir vor uns haben.

1913

Die Weltanschauungen mancher Menschen gleichen lächeln-
den Festungen.

Inmitten unzähligem Hin- und Herreden der Einzelnen
wächst still und groß das ewige Weisheitsgut der Menschen
weiter.

WELTBILD: ANSTIEG

1894

Es gibt keine Grenzen der Dinge.

Tod einer Welt: ihre G e b u r t .

1895

Das Ich ist die Spitze eines Kegels, dessen Boden das All ist.

Die Welt ist nur eine Form des Menschen.

1905

Leben ist die Suche des Nichts nach dem Etwas.

Jeder Mensch ist ein neuer Versuch der Natur, über sich ins reine zukommen.

WELTBILD: AM TOR

1907

Ich habe zuweilen einen abgründigen Haß auf die Zahl. Sie ist die absurdeste Fälschung der »Wirklichkeit«, die dem Menschen wohl je gelungen ist, und doch baut sich auf ihr »unsere ganze heutige Welt« auf.

Für Pflanze und Tier gibt es das Wort »ewig« nicht und daher auch keine – Ewigkeit. Es sollte sie auch für uns nicht geben.

Wir s i n d . Wir werden nie sein, ebensowenig, wie wir je waren. Die Ewigkeit ist in jedem Moment »gelebte Gegenwart« – oder sie ist nicht.

1909

Warum sollte dies mein Leben ein Anfang oder Ende sein, da doch nichts ein Anfang oder Ende ist. Warum nicht einfach eine Fortsetzung, der unzähliges Wesensgleiche vorangegangen ist und unzähliges Wesensgleiche folgen wird.

Zukunft! – un-er-schöpfliches Wort! O Lust zu leben! O Lust zu – – sterben!

Man soll sich seiner Krankheiten schämen und freuen; denn sie sind nichts andres als ausgetragene Verschuldung.

1912

Demut ist Wärme. Alles redet und erschließt sich gleich ganz anders, wo ihr milder Himmel aufglänzt. Vor dem Demütigen wird die Welt sicher und vertrauend, den Demütigen empfangen, lieben und beschenken alle Dinge.

Alphabetisches Verzeichnis der Gedichtüberschriften und -anfänge